『大丈夫?』を『おめでとう!』に変える

「就活」サポートブック

～楽しみながら「内定」を手にするコツ～

東洋大学総合情報学部「キャリアデザイン」研究会 編

同文館出版

はじめに

学生にとって「就職」は、大きな悩みになっていると思います。「就職できなかったらどうしようか」と考えて、不安な表情をしている学生をよく見かけます。保護者の方と話をする機会がありますが、就職について心配されている方が少なくありません。

就職活動は大変なことだとは思いますが、その分、無事に内定をもらったときは安堵感だけではなく、困難なカベを乗り越えたという達成感も味わえると思います。採用試験に失敗しても、あきらめずに次の目標に向かって就職活動を続ければ、必ず内定をもらえることができるのではないでしょうか。また苦労した学生ほど、喜びは2倍にも3倍にもなります。

本書は、就職活動の時期を迎えた学生たちに、筆者らが日ごろ学生にアドバイスしていることをまとめたものです。筆者らの企業での勤務経験や、金融、メーカ、小売業、ＩＴ、コンサルティング、官公庁、地方自治体など、様々な業界の友人や採用担当者から得た業界や企業の情報をベースにして、学生の皆さんへのアドバイスをまとめています。

就職活動で内定を得るためには、自分の夢や希望、長所・短所、性格などを活かして活動することが大切です。つまり、戦略を立てて、企業に自分を売り込まなければなりません。

就職活動の取り組みについて、本書では、時計に見立てて1時から12時まで、どのようなステップで就職活動を考え、取り組んでいけばよいのかをまとめています。一通り取り組みが終わるのが12時ですが、12時は、次の時計の1周（社会人としての生活）に向けた始まりの0時でもあります。就職してから、いろいろな困難に会いますし、それを一つひとつ乗り越えていかなければなりません。筆者の今までの経験を振り返ってみても様々なことがありました。その時はつらいことであっても、後で振り返るとよい思い出になっています。

就職活動は大変だと思いますが、「夢」をもって、それもできるだけ大きな夢をもって、チャレンジするとよいと思います。第一希望の企業に就職できなくても、それで終わりではありません。自分に合ったもっとよい企業もありますし、キャリアを積んでから第一希望の企業にキャリア採用（中途採用）で入社してもよいかもしれません。

最後に、就職活動は、企業が皆さんを評価するだけではありません。ぜひ、皆さんが企業を評価してみて下さい。結構楽しく会社探しができると思います。また、他の学生が気づいていない「掘り出し物」のよい企業が見つかるかもしれません。「よい企業」というのは、皆さんの夢、働きがい、やりがいを実現してくれる企業です。企業を通じた社会貢献を実現できる企業です。

皆さんの「夢」の実現のために、本書が少しでもお役に立てば幸いです。

執筆者を代表して　　島田裕次

もくじ

3章 インターンシップ

4章 会社説明会

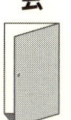

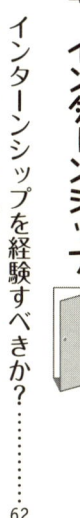

5章 エントリーシート

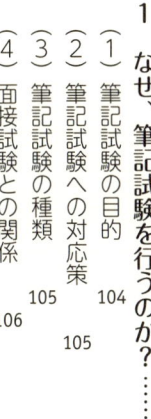

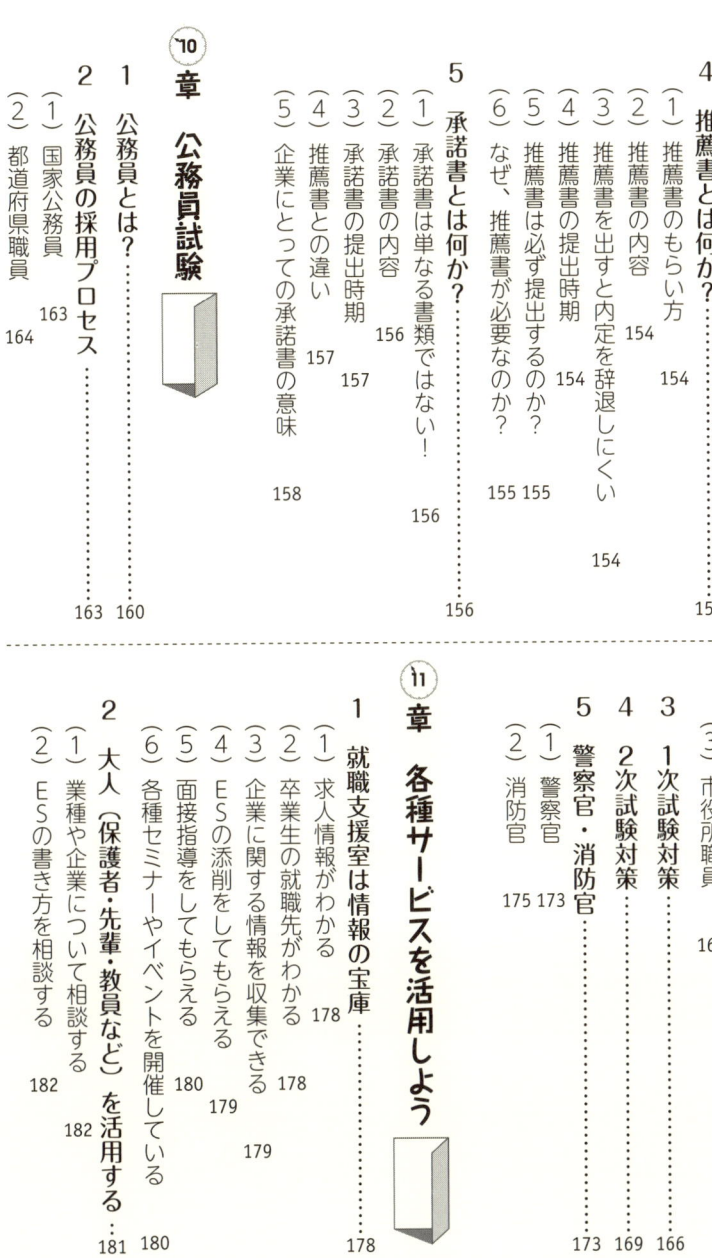

1章

まず、仕事とキャリアについて考えよう

【1章を楽しむコツ】

自分の将来や夢の実現を考えてみましょう!

1 働くということ

就職活動は、学生から社会人に移行するためのステップの一つだと思います。学生が、企業という社会とはじめて接する「場」であり、今まで、学生の常識で生活していればよかったものが、社会常識にもとづく生活へと変化するものだといえます。就職活動の時期を迎えると、学生は、一斉にリクルートスーツを着て、髪を黒くします。言葉づかいも慣れないながらも大人らしい言葉づかいになります。

就職活動ではじめて仕事や自分の人生について考える学生も少なくないと思います。本書の執筆にあたって、はじめに、仕事の意味や自分のキャリア形成について考えてみたいと思います。

(1) 仕事の意味

仕事とは何でしょうか、働くということは何でしょうか。新村出編『広辞苑第六版』(岩波書店、2008年)では、「仕事」について「する事。しなくてはならない事。特に、職業・業務を指す」と説明しています。また「働く」について、「うごく」「他人のために奔走する」などと説明しています。

筆者も企業に勤務していた時代に、「働くとは、傍（はた：わき、かたわら、そば（『広辞苑第六版』）が楽になることだ」と先輩からいわれたことがあります。つまり、自分が楽になるのではなく、上司や同僚、あるいはお客さまや取引先が楽になるようにすることが仕事だという意味です。

仕事には、いくつかの目的があります。収入を得るもの、達成感を得るためのもの、自分が成長していくためのものなど、人によって様々です。生活をするために一定の収入は必要になります。したがって、収入を得るために仕事をすることは正しいといえます。しかし、収入を得られれば、自分がやりたくないことをするのでしょうか。何らかの達成感や満足感が必要になります。自分がどのようなことに満足するのかは、人によって異なります。

仕事を続けていく過程で、つまり、自分が成長していく過程で仕事に求めることも変化してくるように思います。大切なことは、自分にとっての「**仕事の意味**」を考えて、就職活動に臨むことだと思います。

その際に、人生の先輩の生き方を参考にするとよいと思います。サークル活動やクラブ活動で知り合った先輩、アルバイト先の先輩、もちろん、保護者や親せきの方でも構いません。これらの人たちの生き方や仕事に取り組む姿勢などを、自分の目で見て、判断していくことが大切です。「あの先輩のように仕事をしたいな」というイメージを、自分なりに掴《つか》むことが重要だと思います。

（2）働くことの楽しさ

学生は、就職活動あるいは就職の時期が近づくにつれて、不安な気分になります。「働きたくない」、「もっと学生を続けていたい」と考える学生が大半だと思います。

筆者は、学生に対して、「就職して自分で収入を得られるようになると、自分の好きなことを自分のお金ですることができるよ」と話しています。また収入面だけではなく、企業という社会に入って、仕事を行ってお客さまや取引先から感謝されることによって、満足感を得ることができますし、一つのプロジェクトを完遂することによって達成感を得ることができます。これは学生時代には、なかなか得られない経験だと思います。アルバイトでその一部を経験することはあっても、企業に勤めて得る達成感とは次元が異なると思います。

厳しいこと、困難なことを達成すれば、それに対応して大きな喜びや達成感を得ることができます。**嫌なことばかりではないのが、就職**なのです。楽しことが半分、辛いことが半分であることを忘れないようにして下さい。

2 仕事の意義

大学を卒業すると仕事に就くことになるわけですが、仕事に対する意識をしっかりもっていなければ、厳しい就活戦線を勝ち抜いて就職した企業を辞めることになるかもしれません。

「仕事」あるいは「働く」ということについては、「お金を稼ぐこと」と考える人もいれば、「働きがいを得ること」、「社会に貢献すること」など、人によって様々な捉え方をしています。大切なことは、自分自身の「仕事に対する考え（価値観）」をハッキリともつことだと思います。

仕事に対する考えがはっきりすれば、どのような業種や企業に就職すればよいのか、あるいは就職したらよいのかがはっきりしてきます。エントリーシートに記載したり、面接で質問されたりする志望動機がはっきりしてくるはずです。

ところで、仕事に対して、「厳しい」とか「キツい」といったイメージをもつ学生が少なくありません。マスコミやインターネットなどで仕事の厳しさが強調された結果ではないかと思います。もちろん、仕事は厳しく、キツいものですが、それだけでありません。厳しくキツいだけのものでしたら、みんな仕事を続けられないはずです。

仕事には、やりがいがあります。大きな仕事や難しい仕事を成し遂げたときには、充実感や達成感を得ることができます。ハイキングや登山をして、何時間もかけて頂上にたどり着いたときの達成感を得た経験をしたことのある方も少なくないと思います。お客さまからお礼の言葉をかけられたりしたときには、うれしいものです。

やりがいを感じさせる要素の一つして「お金」があります。自分の働きが正当に評価され、それが給料に反映されればやりがいになりますし、もっと単純に、給料が多ければ多いほどうれしいものです。

ここで、あなたの銀行口座から無尽蔵にお金が引き出せると仮定して下さい。全くお金に困らない立場になったら、あなたはどのような生活をするのでしょうか。美味しいものを好きなだけ食べる、高級車を買う、仕事を辞めてゲームを好きなだけする、世界一周の旅に出るなど、いろいろなことを思いつくと思います。しかし、それだけで一生を過ごすことを考えてみて下さい。ほとんどの人は、飽きてしまうはずです。マイクロソフト社を興し、世界有数の富豪になったビル・ゲイツ氏は、同社を退いた後、発展途上国での感染病根絶と教育水準向上を中心とした慈善活動に注力しています。ビル・ゲイツ氏だけでなく、世界の富豪の多くは、膨大な富を手にした後、社会貢献活動をその後の人生の中心においています。

普通の人は、大富豪ではありませんので、現実的には、稼ぐために仕事をしなければなりませんが、彼らの姿を見ていると、仕事の先にある「本当の生きがい」は社会貢献の実現にあることがわかると思います。自分が達成したい社会貢献があり、仕事によってそれが実現できるのであれば、それが本当の「やりがい」であり、仕事を続ける最大のモチベーションになるのだろうと思います。

ところで、企業が企業活動を行う目的は明確です。社会貢献を実現することです。その企業が提供する製品・サービスによって、社会と人々の生活がよりよいものになることを目指すのです。社会に出ることで、社会人となり、企業の発展に貢献するということは、結局、企業活動を通じて社会貢献を実現することになります。その関係を理解し、自分の貢献が実感できれば、実質人生の半分を費やして仕事に取り組む意義が納得できるのではないでしょうか。

3 キャリアとは何か？

キャリア形成、キャリア開発、キャリアアップなど、キャリアという言葉がよく用いられます。キャリアとは、どのようなことなのでしょうか。皆さんのご両親の世代では、終身雇用制度が一般的であり、ある企業に入社すると定年まで勤務することが一般的でした。また、「定年まで勤め上げる」ということが価値あるものだと考えられていました。したがって、キャリア形成は、企業内で実現されることが多く、営業所、支社、工場などの勤務で経験を積んだ後、本社勤務をしてさらに経験を積む。それを繰り返しながらスキルアップをする。営業の仕事を経験した後、企画の仕事に就くというように、人事異動を繰り返しながら、社員一人ひとりの能力を向上させてきました。また、その結果、組織としての力も向上するという流れでした。

現在では、転職が普通に行われます。中途採用あるいはキャリア採用という、経験のある者を採用し、即戦力として活躍してもらうことが多くなりました。「仕事が自分に合わない」、「自分のやりたいことをやらせてくれない」、「もっと新しいことをやってみたい」という社員は、現在勤務している企業を辞めて別の企業へと移っていきます。

昨今、就職活動を行う場合には、こうした社会の変化を踏まえて企業や職業を選択することも必要になってきました。自分の能力は、入社して社員教育を受けながら伸ばしていくだけではなく、自らが自分の能力を高めていくことが求められる時代になっているのです。

そのためには、身銭を切って勉強をしてスキルアップに日々努めなければなりません。社会人のなかには、終業後に社外の人との勉強会に参加したり、大学院に通ったりして、新しい知識を身につけようと活動している人もいます。また語学力のある社会人は、それにさらに磨きをかけるために毎日勉強しています。**学生以上に勉強するのが、社会人**なのです。

皆さんも自分のキャリア形成を考えて、就職先を選択するとよいでしょう。

4 これからの人生や生活を考えてみよう

皆さんは、将来どのような生活をしたいと考えているのでしょうか。バリバリと仕事をする生活、余暇と仕事のバランスがとれた生活、あるいは主婦（主夫）となって、家族と向き合う生活など、様々な「ライフスタイル」があります。仕事のやり方も仲間と楽しんでやる、一人でじっくりやりたい、時間が決まっている方がいい、自分の責任で好きな時間にやりたい、といった様々な「ワークスタイル」があります。また自分自身の「キャラクター」は、新しいことをどんどん手がけていきたいという上昇志向なのか、一つのことをどっしりと追求していきたい安定志向なのか、さらに、個人の実力を強く押し出したいのか、組織を高めることに力点をおきたいのかという視点もあります。もっとシンプルに「夢」があって、それが実現できるなら、どんな条件でもいいという人もいるかもしれません。

20歳を超えると、小学生のときの夢の作文のように無邪気な設定をするのが難しくなりますが、逆に経験や能力も身についてきているので、目指したい人生・生活に向けて具体的なプランニングが可能になります。しかし、プランニングをする上で、様々な要素の複雑なトレードオフがあり、容易ではないことに気づかされると思います。この複雑なパズルを解くことを求められているのが、就職活動を迎えているあなたの「今」だといえます。

あなたがバリバリ仕事をしたいと考えているとしましょう。その場合、どうしても仕事に時間をとられることになって、家族とともに過ごす時間は少なくなってしまいます。また、余暇と仕事のバランスがとれそうな職場だけれども、一人で黙々とこなす業務で、会議以外は人と話をすることもないので滅入ってしまうこともあるでしょう。給料にも満足しており、休暇も十分に取れ、転勤もない職場で条件面では申し分ないけれど、自分がトップセールスを達成しても全く給料に反映されないので、モチベーションが上がらないというケースもあると思います。

子供を授かりたいとなると、女性の場合には出産という難しい条件も加わります。子育ては、配偶者や家族の支援によってクリアできる部分もありますが、出産は代わりの人がいませんよね。また、出産や育児に対する支援や理解は社会や企業のなかで浸透してきたものの、まだ遅れている職場も少なくありません。女性は、こうした条件もクリアしなければなりません。また、出産後も仕事を続けることに対して、理解があり支援する配偶者を見つけなければなりません。

以上のように、企業の勤務条件と自分のライフスタイルやキャラクターがぴったりマッチする、いわば天職のような仕事というのは簡単に見つけられるものではありません。就職活動を始めるにあたって、現実的には、企業および自分自身での条件面で優先順位をつけて、仕事を選び、自分の生活を確立していくことになります。

「そんなに先のことはわからない」と思うかもしれませんが、今わかる範囲で、自分の人生や生活を思い描いて下さい。その上で、条件面での順位づけをする際に、絶対に譲れない条件は何か、なぜ譲れないのか、その理由を明確にしてみて下さい。例えば、「両親の世話をしなければならないので地元に戻る」ということは絶対譲れない条件だろうと思います。

しかし、それは卒業後すぐなのか、10年後なのかも考えてみましょう。10年後に戻れればよいのならば、地元に支店がある企業も選択肢に入ってくると思います。入社してから支店への異動を希望をすれば、配慮してくれることも少なくありません。

就職に対するこだわりの多くは、実は「どうしても」という理由がないことが多いと思います。**自分の可能性を狭めないよう、**一つひとつ冷静に考えてみて下さい。

5 将来ビジョンを描く

自分の将来像を考えることは、大変難しいことです。筆者の学生時代の友人や、知人のビジネスパーソンなどの経験談を聞くと、必ずしも自分が思い描いたとおりの人生を送っている人ばかりではありません。むしろ、自分の夢とは異なる人生を送っている人が少なくありません。それでも、夢をもち続けて仕事に取り組むことが大切だと思います。夢は、年代によって変化していくものですが、目標をもつことによって、その時々でどのような取り組みをすればよいのかが明確になるからです。

近年は、終身雇用という慣習が薄れてきています。もちろん、終身雇用を維持している企業も多数ありますが、転職する人も増えていますし、残念なことに倒産やリストラで余儀なく転職せざるを得ない人も少なくありません。したがって、自分のやりたいことを明確にして、その目標に向かって、様々な努力を積み重ねて進んでいくことが大切だと思います。

自分のビジョンの実現のためには、実力（能力、スキル、経験など）が必要です。例えば、コンサルタントの仕事をしたいという夢があれば、まず一般企業（ＩＴ系を含む）で実務経験を積み、それからコンサルティング企業に転職する方法があります。公認会計士や税理士などの資格を取得し、監査法人や税理士事務所で経験を積みながらコンサルタントになっている方もいます。このように経験を積んで、自分の夢を実現するのもよいと思います。

6 「就活」に成功するコツ

（1）最後まであきらめないこと

就職活動に成功する学生は、内定をもらうまで**最後まであきらめないで**就職活動をしています。私の知っている学生のなかにも、最後まであきらめずに就職活動をした学生がいます。内定をもらう時期は遅くなりましたが、最終的に内定をもらうことができました。

ところで、就職活動に苦労する学生には、いくつかのパターンがあります。例えば、次のようなケースがあります。

①途中であきらめる学生

最初は会社説明会に参加したり、エントリーシートを提出するが、面接まで進まなかったり、面接試験で失敗が続き、やる気がなくなってしばらく就職活動を休む。秋になり卒業が近くなると、「就職活動をしなければ」と考え、就職活動を再開するが、うまくいかないという学生。

②活動そのものに無関心な学生

周囲の学生が就職活動を始めても、のんびり構えて「何とかなる」、あるいは「就職しないでアルバイトを続ければよい」と考える学生。

このような状況に陥らないためには、大学進学のときに、将来どのような道を進みたいのかについて、しっかり考えておくことが大切だと思います。また大学に入学したら、より具体的に、職業、仕事、企業について考えておく必要があります。もちろん、大学は自分の好きな学問を研究するところです。就職だけが大学で学ぶ目的ではありません。しかし、自分の好きなことをどのように活かして、世の中で活躍すればよいのかを考えておくことが必要だと思います。

（2）「人と違うこと」が大切

日本の大学、あるいは高校までは、人と同じようなことを学び、人と同じようなことを考え、同じような答えを出すことが求められます。授業を受けると、「答え」を教えてもらいたがる学生が大半です。筆者が担当している授業で出す課題は、答えが十人十色、百人いれば百の答えがありますが、答えを求める学生が少なくありません。そのようなことはたいした問題ではないのです。大切なことは、「人と違うことを考えること」なのです。実社会では、答えは自分で考えなければならないことが大半です。場合によっては、自ら課題を設定して、それらの解決策を出さなければなりません。

就職活動では人と同じことではなく、**人と違うこと**が求められます。例えば、何百、何千とあるエントリーシートのなかから、自分を採用してもらうためには、他の学生と異なる何かが必要です。そうしなければ、多数のエントリーシートのなかに埋もれてしまうからです。

それでは、人との違いをどのように出せばよいのでしょうか。まず、自分自身を振り返って、自分のよいところを見つけることです。どのような学生でも、よいところが必ずあります。それを探してみて下さい。

他の人が希望しないような企業を探すことでもよいでしょう。あるいは、他の人とは異なるアプローチをとってみて下さい。例えば、会社説明会の申し込みがすぐに満席になってなかなか申し込めないような場合には、採用担当者に連絡して、どのようにすればよいのかを問い合わせてもよいかもしれません。こうした学生は、積極性があると評価され、名前を覚えてもらえる可能性があります。

どのようにしたらよいか、ぜひ自分で悩み、考え抜いて下さい。それが皆さんの成長に必ずつながるはずです。

(3) 将来を考える(終身雇用の崩壊)

現在は、昔のように一つの企業に定年まで勤務するという「終身雇用」が崩れています。ある企業で働き、スキルアップしてから別の企業に転職するというキャリア形成も増えています。もちろん、一つの企業で定年まで働き、業績をあげることは立派なことだと思いますが、別の生き方もあるということも知っておいた方がよいと思います。

ある企業では、新卒採用で入社するよりも、中途採用(キャリア採用)で入社した方が、入社しやすいという話も聞きます。筆者の知人のなかには、IT企業で働いてスキルアップしてから、コンサルティング企業で活躍している方も少なくありません。

将来の夢をもったら、その実現に向けて、どのようなキャリアパスを通っていけばよいのかを考えておくとよいと思います。ただし、これは学生のときにすべてを考えることは難しいので、入社後、自分の好きな仕事や自分の向いている仕事がわかり始めてから、さらに考えればよいと思います。

7 「適職」にダマされるな！

適職という言葉があります。適職を見つけるとか、適職を探すというように使われますが、適職は自分で見つけられるのでしょうか。特に学生の場合には、とても難しいと思います。やりたい仕事、やりたくない仕事はあるかもしれませんが、実務経験がない学生にとって経験したことがない仕事について、自分がそれに適しているかどうかを判断できるとは、とても思えません。アルバイト経験などにより得た狭い知識だけでは、判断できないと思います。

適職、つまりある業種や企業に、学生が適しているかどうかは、企業側（採用側）が判断するものだと思います。採用担当者は、自社でどのような仕事があるのか、自社の社風や文化はどのようなものか、業界や自社にはどのような人材が求められているのかなどを詳しく知っています。それを踏まえて、学生を評価するのです。

そこで、就職活動で重要になることは、最初から業種や企業を絞り込み過ぎないということです。自分はＩＴ企業に向いていないと思っていても、採用担当者から見るとＳＥ（システム技術者）に適しているかもしれません。営業に向かないと思っても、営業に向いている資質や能力をもっているかもしれません。学生の皆さんには、就職活動での業種や企業を考えるときには、幅広い視点で考えることをおススメします。

2章

就職活動のストラテジー

【2章を楽しむコツ】
就活は一種のゲームです。
勝つための戦略を考えましょう！

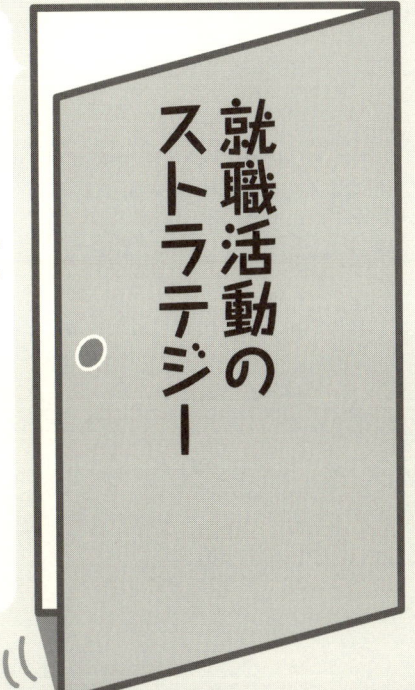

1 どのような学生が内定をもらうのか？

就職活動のストラテジー（戦略）を考えるためには、まずどのような学生が内定をもらうのかを考えてみるとよいと思います。内定をもらう学生には、次のような共通点があります。

（1）就職活動に積極的である

就職、あるいは働くということについて、早くから真剣に考えている学生は、早目に内定をもらっています。周囲の学生が本格的に就職活動を始めたのを見てから業界研究や企業研究を始める学生がいます。こうした学生は、なかなか内定をもらいにくいようです。就職ということ自体に消極的なので、それがエントリーシートや面接のときに採用担当者に伝わってしまうのかもしれません。

（2）自分の意見をキチンと伝えられる

エントリーシートでも、面接でも自分の考えをキチンと伝えられる学生は内定をもらいやすいようです。入社してからも、上司、先輩、同僚たちとのコミュニケーションが必要になります。もちろん、お客さまや取引先とのやり取りで、キチンと自分の考えを相手に伝えることも求められます。そこで、採用担当者は、学生のコミュニケーション能力をチェックするのです。意見を伝えるためには、日ごろから教員に質問したり、ゼミで議論したりするような姿勢が重要だと思います。

（3）入社への熱意がある

「応募した企業で仕事をしたい」という熱意、つまり「やる気」のない学生は、内定をもらえません。ある中小企業の経営者から、学生に熱意がないので採用を見合わせたということを聞いたことがあります。別の企業の採用担当者は、学生に「覇気」がないといって採用を見合わせたケースもありました。この場合の覇気とは、熱意と置き換えてもよいかもしれません。どうしてもその企業に入りたいという熱意が採用担当者に伝わるようにすることが大切なのです。恋愛と同じで、「相手に好きだ」という気持ちを伝えることがポイントです。

（4）向上心、やる気がある

熱心にゼミ活動に取り組み、授業に出て知識を学びとろうとしている学生は、採用担当者からも評価されます。「将来このような仕事をやりたいので、このような勉強や資格取得を目指している」という向上心があると把握しやすいからです。

(5) 広い目で業種・企業を考える

大企業や、特定の業界だけに絞って就職活動をする学生は、失敗する可能性が高くなります。大企業だけを狙って内定をなかなかもらえないという学生の話をよく聞きます。自分のよさ、どのような仕事に向いているかということは、自分ではなかなかわかりませんので、いろいろな企業を訪問して、採用担当者に自分のことを見てもらって下さい。自分のよさや、適性を判断してもらったらいかがでしょうか。ぜひ、幅広い視点で業界や企業を探してみて下さい。

2 自分の戦略を考える

自分にとって最適な仕事・職場をみつけるためには、将来、①仕事によって実現したい社会貢献を実現できるかどうか考えるのと同時に、②自分の特長を活かせるか、③自分の目指すライフスタイルが実現できるかを考える必要があることを1章で述べました。皆さんにとって現実的なイメージがわくのは、勤務地、労働時間、処遇といった③のライフスタイルに関する項目なので、ついこれらの情報を軸に企業選びをしがちですが、「企業選びの軸」は、次に述べる（1）（2）（3）の順番で行うべきものだと思います。

(1) 自己実現の軸の設定

社会人としての究極の目的は社会貢献だと思います。まず、現時点で自分がどのような社会貢献がしたいのかを定める必要があります。「現時点で」といったのは、実際に就職して業務を行っていくうちに、様々な知見が得られ、そこからより自分にふさわしいものが見つかるというのはごく自然なことだからです。ですので、これまでの自分の経験や意識をもとに、実現したい社会貢献について自由に考えてみましょう。

目指したい社会貢献の内容が決まったら、次は、なぜそれを実現したいのかを明確にしましょう。誰のためにそれを実現することが、なぜ社会貢献になり得るのか、それが自分にとってなぜ重要と考えるのか、という因果関係を明らかにします。誰のためにというのは業種を定める上で重要な要素になります。

(2) 業界の選定

次に、その社会貢献を実現することを可能にする製品やサービスを具体的に明らかにしてみましょう。これらを提供できる業種があなたの狙うべき業種になります。業界の志望理由を組み立てる場合、次のような構成にするとよいでしょう。

①実現したい社会貢献は△△である。

②それは、○○という製品・サービスを□□することで実現できる。
③よって、それが可能な××業界を志望した。

①が実現できる製品・サービスは複数あるはずです。そして、それらが異なる業界で提供されるものであれば、志望業界は複数見い出せることになります。こうすることで自分の可能性を広げることができます。

(3) 企業の選定

業界が設定できたら、次は企業選びです。ライフスタイルを軸に選びたい気持ちをぐっと抑えて、まず、視野に入ってきた企業の企業理念、経営者の言葉を、その企業のホームページ等でチェックして下さい。それらを読んで、あなたの目指す社会貢献の方向性とのズレがないかを確認します。自分が共感できない企業は、あなたのスコープ（志望対象）から外すべきでしょう。次に残った企業について、就活サイト等で企業が求める人材像を確認し、自分のキャラクター（長所・強み等）を活かせるかどうかという視点で、職種の設定を含め、さらに絞り込んで下さい。ここまでやって残った企業に対して、はじめて、ライフスタイル（勤務地、給与、休日条件、転勤有無等）という軸でふるいをかけて下さい。

ここまでのステップを経ると、自分に合っている企業はそれほど多くないことに気づくと思います。この企業数を増やすためには、業界や企業研究のために費やす時間がかなり必要になります。

あこがれの企業があると、その企業に入社することばかり考えてしまい、自分の目指したい社会貢献があやふやになったり、自分のキャラクターとかけ離れた志望動機を考えてしまったりします。自分にウソをついて面接に臨んでも、志望動機の甘さを見破られて残念な結果に終わってしまいます。企業選びは、基本的に自分が合わせるのではありません。自己実現のために、一番使いやすいツール（器）として、「私がその企業を選んであげた」という発想をもつことが大切です。

3 内部統制の考え方を活用してみよう

就職活動で成功するためには、どのようにしたらよいのでしょうか。就職活動は、学生にとって、内定を獲得するという一大プロジェクトです。誰でも、うまくいく方法があればそれを知りたいと思っているでしょう。

筆者は、自身の専門である「内部統制」の考え方を利用するといった方法をおススメします。内部統制とは、言葉を聞くと難しいように思われますが、簡単にいえば、目的を達成するためのノウハウなのです。内部統制は、組織体の目標（利益）を達成するための仕組みやプロセスのことです。このノウハウを活かせば、就職活動にも大いに役立つと思います。

それでは、どのようなことをすればよいのでしょうか。内部統制では、次の六つの基本的要素が大切だとされています。就職活動でも、この六つの基本的要素を揃えるようにすればよいのです。

(1) やる気、やる環境をつくる（統制環境）

就職活動に成功している学生は、早い時期から就職や就職活動に対する意識をもっています。反対に、就職活動がうまくいかない学生は、就職活動から避けるようにして会社説明会に参加しないとか、エントリーシートを提出しないような傾向にあります。就職活動のセミナーに参加したり、企業情報を集めたり、まず就職や就職活動に対する意識をもつことから始めましょう。友達と一緒に就職活動を考えれば、仲間がいるのでやる気が出てきます。

(2) 内定をもらう成功要因を考える（リスクの評価と対応）

企業の採用プロセスを把握しなければ、内定をもらうことは難しいと思います。エントリーシートの提出があれば、それを通過するようなエントリーシートを書かなければなりません。個人面接があれば、それに対応できるように事前の準備が必要になります。集団面接の場合には、個人面接と異なった対応が必要になりますし、グループワークがある場合には、グループワークでどのような点がチェックされるのかを知っておけば安心です。学生が先輩から面接でどのようなことを質問されたのかを教えてもらうことがあります。またインターネットを通じて、面接でどのような質問がされるのか、どのような筆記試験が行われるのかを調べる学生も多いと思います。こうした行動は、リスク評価といいます。入社試験にパスするためには、失敗する要因（リスク）、つまり、面接で質問に答えられない、筆記試験に失敗する、ということを事前に調べておくことが重要です。入社試験におけるリスクを評価した後に、その対応策も考えます。面接で質問されそうなことに対する答えを考えておく、筆記試験でSPI試験が行われるときには事前に問題集で勉強するというようなことを考えるわけです。

（3）対策を実行する（統制活動）

SPI試験の問題集を買っても、それを使って勉強しなければ、何にもなりません。面接で質問されそうな事項を把握しても、その質問に対する答えを考えておかなければ意味がありません。筆記試験の練習をしたり、面接でのQ&Aを考えたりすることの実践がなければ、採用試験にパスすることはできないのです。対応策を考えるだけではなく、それを実践することが統制活動です。

(4) 情報を収集し、共有する(情報と伝達)

就職に関する情報や、企業に関する情報を収集しておけば、自分に合った企業を見つけることができます。面接試験や筆記試験の情報を把握すれば、いろいろな対応を行うことができます。つまり、情報は、就職活動を行う上での基礎になります。友人と情報交換することも大切ですし、就職支援室に行って、採用に関する情報を集めることも必要です。このように就職に関する情報を適切に収集し、情報を共有することが就職活動でのカギになります。

(5) ITを活用する(ITへの対応)

現代の就職活動では、スマートフォンやパソコンが必須になっています。会社説明会の申し込み、エントリーシートの提出、Ｗｅｂテストの実施など、様々なフェーズでＩＴが使われています。企業の情報を収集するためには、ホームページから会社案内や企業概要の情報を収集します。上場企業の場合には、金融庁のＥＤＩＮＥＴを利用する方法がおススメです。企業の財務状況、事業活動、経営上のリスクなど多種多様の情報を把握することができます。またＥＤＩＮＥＴの情報は、信頼できる情報なので、安心して利用することができます。この他に、非上場企業の情報を収集できるホームページもありますので、利用するとよいと思います。最近の就職活動では、ＩＴの利用が大きく影響するといってよいでしょう。

(6) 活動をチェックする（モニタリング）

就職活動では、多くの企業の会社説明会に参加し、採用試験を受けなければなりません。エントリーシートの作成、面接練習、SPIの勉強など、やるべきことは山のようにありますし、学業も疎かにはできません。このような場合には、スケジュールを立て、計画的に活動することがポイントになります。スケジュールを立てたら、そのとおりに進んでいるか、定期的にチェックすることが大切です。うまく進んでいない場合には、計画を見直したり、面接対応や筆記試験対応のやり方を改善したりしなければなりません。面接試験や筆記試験に続けて失敗する学生の話を聞くと、失敗しても同じような姿勢で面接を受けて、また同じ失敗を繰り返すというパターンが多いようです。こうした活動をチェックすることを、モニタリングと呼び、就職活動において、とても重要だと思います。

内部統制の考え方は、体育会の部活動での優勝、交通安全の実現、資格試験の合格、住宅の購入など、様々なシーンで活用できます。入社してからも、内部統制という言葉を聞くことがあると思いますので、非常に役に立つ概念だと覚えておいて下さい。

4 業界は、どのように選べばよいのか？

就職活動を行う上で、多くの人が最も悩むことが業界選びだと思います。最初は、自分が興味のある製品やサービスを軸に業界を選び、自分のライフスタイルに合致する企業を絞り込んでいく人が多いと思います。業界研究や企業研究の入り口としてはこの方法でよいと思います。そのようなプロセスを立て業界の全体像を把握した後、まず考えて欲しいのは、自分がその業界で何を実現したいのかです。企業人としての究極の目標は、企業での活動を通じて社会貢献を実現することです。この業界で自分が何をすることで、どのような社会貢献を目指すのかを明確にしましょう。その過程で自分が目指す社会貢献が、その業界では実現しにくいことや、他の業界の方が実現しやすいこと、他の業界でも実現できることに気づくことがあります。このサイクルを繰り返すことで、自分に適した業界を発見できると思います。

例をあげて説明しましょう。ショッピングが好きだったAさんは、お店が集まる空間に興味をもち、百貨店や不動産、鉄道会社の業界研究を始めました。そのなかで、自分が実現したいことは、そこにいて快適で楽しい空間を提供することだと気づきました。これを業界選択の軸に据えて、再度検討した結果、家族にとって快適な空間を提供する住宅販売、快適な空間を創出する上で不可欠なインテリア用品も自分の夢を実現できる業界であることがわかりました。このように業界の幅を広げて就職活動を行った結果、最終的には、様々な製品を扱い、柔軟な空間設計の提案を自分の手で手がけられるインテリア用品の卸売業に就職しました。自社の製品にとらわれず、柔軟な空間設計・提案を行える立場を重視して、メーカーでなく卸売業を選んだのがAさんのこだわりでもあり、自分の業界選択の軸に対する答えだったのです。

自分の目指したい業界が決まっていて、強いこだわりをもっている人もいると思います。迷いがないので、就職活動を進めやすいですし、どうしてもその業界や企業で働きたいという強い熱意は、内定を勝ち取る上で最も重要な要件を満たすと思います。しかし、採用人数が少なく、競争率が高い業界や、特殊な知識やスキルが要求される業界にこだわりすぎると、内定がもらえないまま卒業を迎えるという事態に陥ってしまうことがあります。何年かかっても夢を実現するという強い意志をもって進めるのか、現実的な理由から就職することを優先するのか、遅くとも4年生の夏までには決めておくべきでしょう。後者であれば、前述のAさんのように、自分の軸を決め、それを実現できる手段を複数見つけ出し、業種を広げて活動するようにして欲しいと思います。

自分のスキルを活かして、システム開発ができるなら、あるいは、財務部門で働けるならどのような業種でもいい、と考える学生もいます。採用側は、同じレベルのスキルなら、その業界なり企業に、より思い入れの強い人材を選択しますので、なぜその業界や企業を志望するのか、そこで自分がどのような社会貢献を実現したいのか、という視点で軸を定めて、自分のこだわりを整理しておくとよいと思います。

5 企業は、どのように選べばよいのか?

「業界選択の軸」が決まり、業界が選定できたら、次は企業選びです。自分の目指す社会貢献が実現できる企業であるかという点と、自分のライフスタイルを実現できるかという現実的な問題のバランスをとりながら企業を絞り込んでいきます。

最初のうちは、自分が名前を聞いたことのある大手企業を中心に企業研究を進めることが多いと思います。しかし、大手であればあるほど業務（営業、生産、物流、財務など）の範囲が広いので、具体的に何をしているか、ぼんやりとしか理解できず、その結果、自分が目指したいことができるのかどうかの判断ができないことが多いようです。企業研究とは、このぼんやり感を払拭する作業ともいえます。

企業は業務に対する理解を学生に深めてもらうためにセミナーや説明会を開催しますし、採用情報のホームページや就活サイトに業務説明の記事を掲載しています。これらの情報を収集して、業務内容の理解を深めるとよいでしょう。しかし、採用活動解禁前にはこれらの情報がないため、インターンシップに参加したり企業のWebサイトを熟読することが情報収集の第一歩となります。

業務を理解する際にまずチェックしてもらいたいことは、企業のWebサイトにある「会社情報」のページです。会社概要、経営理念、事業領域、各種レポートがまとめてあります。このページを隅から隅まで熟読すれば、どのような企業であるかおおむね理解できるはずです。その企業がどのような社会貢献を目指しているのか、それが自分の目指すものと同じであるか、どのような部門があり、どのような事業を行っているのかをまず確認して下さい。

次に「IR（投資家向け情報）」です。主に投資家向けに財務や経営に関する情報を紹介するページですが、提供されている情報から、企業が目指す経営の方向性や、財務的な健全性を確認することができます。特に経営ビジョンについては、その企業で将来的に自分がやりたいことができるかどうかを判断する上での有用な情報なので、必ずチェックしましょう。

自分の目指すライフスタイルを実現できるかどうかについては、経営者のメッセージを確認しましょう。このメッセージに共感できるかどうかがポイントになります。共感できないと、中小企業のように経営者の色の強い企業の場合には、入社してから居心地の悪さをずーっと感じることになります。例えば、一つのことをじっくりと腰を据えて仕事をしたい人が、成長・発展・チャレンジといった言葉が並ぶ企業に入っても、望むスタイルがとれませんし、その逆も同様です。

就活サイトや企業の採用情報ページが閲覧できるときは、採用スケジュールだけではなく、それこそ隅から隅まで該当ページを熟読して下さい。特に人事担当者からのメッセージや先輩社員の声には、具体的にどのような仕事をするのか、自分のやりたい仕事があるか、自分のスタイルにあった仕事の進め方ができるかを判断する上で有用な情報が豊富に含まれていますので、チェックが必要です。

勤務地については、学生によっては最も重要な要件になるかもしれません。例えば、地元を離れたくない／離れられない場合には、その地域の企業を選ぶことになります。しかし、10年後に戻ればよいということであれば、地元に事業所のある企業も選択肢に入ってきます。戻れる保証があるわけではないのですが、入社してから希望を出せば、地元の事業所に転勤させてもらえるケースも少なくないからです。また給与水準は若干低くなりますが、転勤なしの地域採用制度をもつ企業もありますので、それを狙うのもよいでしょう。

給与について、とかく初任給をみて一喜一憂してしまいがちですが、大事なのはその先です。上場企業では、有価証券報告書を発行・公開していますので、そこに記載されている平均年齢と平均給与を調べて、自分が将来どのような処遇になるか判断するようにして下さい。

6 入ってはいけない企業

反社会的な活動をしている企業・団体への就職は厳に慎まなければならないのはいうまでもありません。それ以外には、次に示すような項目をチェックするとよいと思います。

[入ってはいけない会社]

・自分が目指したい社会貢献ができない会社

・自分の目指したいライフスタイルが実現できない会社

・幹部の姿勢に納得がいかない会社

[注意が必要な会社]

・選考らしい選考がなく、内定をくれる会社

・選考プロセスが極端に多い会社

・初任給が極端に高い会社

・初任給が極端に低い会社

・よいことしかいわない会社

・採用担当者がいい加減な会社

7 ブラック企業とは？

ブラック企業という概念に明確な定義はありませんが、一般的には、過労死の原因となるほど労働時間が極端に長い企業、残業代を支払わない企業、精神的に苦痛を与えて退職に追い込むような行為（パワーハラスメント）をする企業を指しているようです。また、このような企業であれば、正社員の離職率が高くなると考えられるので、一つの目安として、大卒3年目の離職率という指標が着目されています。平成21年度の厚生労働省の調査によると離職率が高い産業（上位三つ）は、教育、学習支援業（48・8％）、宿泊業・飲食サービス業（48・5％）、生活関連サービス業・娯楽業（45・0％）といった労働集約型産業となっています。特定の人に労働が偏りがちな仕事は離職率が高くなることを裏づけているともいえます。

労働時間の長さは、プロジェクトワークに代表されるように、納期が決まっている業務では、納期間際は長時間労働になりがちですし、製品トラブルがあれば、その対応で長時間労働を余儀なくされることがあります。それらを含めて長時間労働がある職場＝ブラック企業と受け止められてしまうと、ほとんどの企業がブラック企業になってしまいます。

ＩＴ業界では、トラブル対応で終わりが見えない過酷な状態をデスマーチと呼んでいますが、ある側面だけが切り取られてブラック認定されているケースもあるようです。普通は、対策によって事態が収束し、時間に余裕ができるときがやってきます。ただ、機械や土木と違い、システムやプログラムのようなＩＴ分野の製品では原因の特定が困難で、対策工程が長期化しやすい面もあるようです。一方、飲食サービス業のような労働集約型産業は、人がすべてであることから、コストに人件費が占める割合が高く、経営効率を高めるために、人数をぎりぎりにする手法をとることが多く、従業員一人あたりの業務負荷が大きくなりがちです。

長時間労働を余儀なくされる時期が1カ月から半年の幅で発生するのは（善し悪しは別として）普通にあることです。問題なのは、仕事の切れ目がなく残業が常態化している場合や、残業代が支払われないケースです。残業代が支払われていれば、モチベーションが保てるかもしれませんが、残業時間は労働基準法の三六協定が締結されていれば、1カ月45時間、1年３６０時間の上限にすることができます。これを超えて残業をしたとき、正直に勤務届に申告すると、企業は法律違反をとがめられますので、やったけれどやっていないことにする、いわゆるサービス残業が横行することになります。これはブラック企業といわざるを得ません。

パワーハラスメント（パワハラ）については、昔に比べてその判断基準が厳しくなっています。昔は、仕事で失敗したら怒鳴られるのは当たり前でした。しかし、時代が変わり、体罰はもちろんのこと怒鳴りつけることもパワハラ認定されるようになり、また今の学生は怒鳴られることに慣れていない人が多いようです。怒鳴ることがよいこととはいいませんが、真剣に仕事に取り組んでいるからこそ、上司や顧客は強い口調でとがめることもあるのです。少し強くいわれただけで萎縮したり、それを避けるためにあいまいな返事や行動をすることで、結果として業務が停滞することが企業にとって一番困ることなのです。業務上のミスで強くいわれることについては、甘んじて受け止め、そのリカバリーに全力を傾ける姿勢はどんな場合でも必要です。

一方で、自分のミスをあなたに押しつけるために怒鳴りつける上司や顧客もいます。この上司の行動は明らかにパワハラにあたりますが、顧客に対しては、契約書や書類をもとに是々非々で対応せざるを得ません。こうしたことは一過性のことが多いので、その場を対処できればよいわけです。問題なのは、入社3年程度で自己都合退職する社員が多い企業のように、様々な肉体的・精神的圧力をかけてくる企業です。いわゆる3年選手の給料が上がる前に意図的に辞めさせて、人件費が安い新人に入れ替えるために圧力をかけるのです。人を育てる気が全くないという点で、ブラック企業といってもいいでしょう。

8 大企業と中小企業

大企業と中小企業の違いは文字どおり規模の大きさの違いですが、中小企業基本法によると中小企業の定義は下の表のようになります。これより規模の大きい企業は大企業ということになります。この線引きは人によってイメージが異なるようですが、従業員数の多寡に着目して大企業と中小企業の違いを考えてみることにします。

(1) 給与・福利厚生

平均給与は大企業の方が多いのですが、偏差（ばらつき）は中小企業の方が大きくなります。つまり大企業ではそこそこはもらえるけれど、ほとんどの人がすごくもらえるわけでもないわけです。中小企業では低所得に甘んじる人がいる一方で、高額の報酬を得ている人も少なくありません。福利厚生については、大企業の方が企業としての歴史が長い分、制度が整備されているため、充実していることが多いようです。

(2) 職場の安定性

大企業は業務の幅が広いのと同時に、金額的に規模の大きい仕事を行えます。社会に与える影響が大きい仕事に携われることは、やりがいの大きさにつながるという人も多いと思い

●中小企業基本法における小企業の定義●

業種分類	資本金	従業員数
製造業その他	3億円以下	300人以下
卸売業	1億円以下	100人以下
小売業	5千万円以下	50人以下
サービス業	5千万円以下	100人以下

ます。一方で、業務が細分化されることから、自分に与えられる役割は小さくなり、貢献度は低くなります。中小企業では、仕事の（金額の）規模は小さくなりますが、与えられる役割は相対的に大きくなり、それに伴う責任の大きさがやりがいにつながると考えられます。また、自分の働きが企業の成長・発展にダイレクトにつながり、それが給与に直接反映される可能性が高くなります。

（3）生活の安定性

大企業は世界中に事業所があるので、転勤がつきものです。また、業務範囲が広範にわたるので、ある部門の業績が不調であっても他の部署がカバーでき、倒産のリスクは相対的に小さくなるといえます。一方で、支店・営業所だけでなく関連会社も多いことから、本社で採用されても、経営環境の変化に対応して、出向・転籍を余儀なくされることも多いのです。逆に定年まで本社の身分でいられる人の方が少ない企業もあります。雇用は確保されますが、常に身分確保のための競争にさらされることになります。

21世紀に入り、従来のような年功序列・終身雇用といった枠組みが崩れ、人材の流動化が進んでいます。また、大手企業であっても市場環境の変化により倒産する一方で、特定の分野における強みがあり経営が極めて安定している中小企業も少なくありません。近年、企業の安定性は企業規模では計れなくなってきているといえます。

（4）昇進

大企業ではポスト（役職）の数も多いといえますが、それ以上に従業員も多いので、昇進競争は激しくなります。一般的には係長級になるのに10年前後、課長級（管理職）になるのに20年前後かかります。中小企業ではそれがそれぞれ5年、10年前後となります。ポストが上がらないと給与も上がりませんし、それ以上に自分のやりたいような仕事を手がけられません。例えば、新商品の事業化といった案件は、管理職にならなければ手がけられないのが普通です。自己実現を目指す上では、仕事の規模やスピードの視点から、どちらの企業の方がよいかを考える必要があります。

以上のように大企業と中小企業のどちらがよいかは、自分が目指したい社会貢献の内容、ライフスタイル、仕事に対するスタンスのいずれを優先するか、あるいはどこでバランスを取るかによって決まります。1章の4節（これからの人生や生活を考えてみよう）で述べた内容をよく振り返って企業選びをして欲しいと思います。

9　企業が求める学生とは？

企業が求める人材像は企業により様々で、一般化することは困難ですが、ここでは共通する要件について解説していきます。

(1) 辞めない人

かなり極端な表現ですが、ほとんどの新入社員は戦力になりません。いち早く戦力になってもらえるように、入社後は導入研修を、その後は業務を通じて訓練(OJT：On the Job Training)を行っていきます。業種や規模にもよりますが、入社2、3年後には何らかの仕事が任せられるレベルになることを期待されます。その間も皆さんには給料(各種手当を含む)が支払われます。実際には給与以外にも社会保険費が雇用コストとしてかかり、多くの場合は、入社後5~10年後にはじめて貢献度が累積雇用コストを上回るとされています。つまり、企業から見れば、将来の皆さんの活躍に期待して投資していることになりますので、「辞めない人材」であることが新卒採用で最も重視されます。

(2) チームで働ける人

あなたが○○事業部△△部□□グループに配属されたとします。□□グループには必ず同僚(同期・先輩・上司)がいます。そして、□□グループというチームのなかで役割を与えられ業務を行います。与えられた業務はあなた自身で完結するものではなく、同僚の業務と密接な関係があり、協力・調整を行いながらグループ全体が成果を出していきます。その調整の場が会議であり、普段の会話です。そういった調整（コミュニケーション）を通じて、グループ（チーム）が結果を出すために、あなたが最大のパフォーマンスを発揮することが求められます。

（3）是々非々の姿勢

業務の調整の場で、同僚の意見やチームの方針と自分の考えとの間にズレが生じることがあります。自分が気に入らないからという理由で業務を拒否する、手を抜く、口をきかないという行為に出るような人は、チームに貢献し得ないので必要な人材にはなりません。むしろ、いない方がよいのです。そういったズレを調整する場が会議や、普段の会話であり、そこでチームのため、という視点から納得いくまで議論ができる人材が求められます。

世の中には様々なタイプの人がいますので、気の合わない同僚がいることもあると思います。気が合わない相手だから、話をしない、攻撃的になる、という態度をとる人は上述の例と同様にチームに貢献し得ないので不要な人材です。個人の感情は心の奥にしまい、チームの利益という視点から是々非々の対応ができる人材が求められるのです。

（4）立場、業種・職種に即したキャラクターをもつ人材

チーム内には様々な役割があり、それぞれの役割に求められるキャラクターも違います。

取りまとめ型、サポート型、職人型など様々なタイプの人が必要であり、各人の長所を活かす形で、時間とともに役割が定まり、その人のワークスタイルが確立されていきます。また営業職を例にとると、新規製品の拡販など、積極的な働きかけが必要な場合は、攻めのキャラクターをもった人材、顧客の悩みや問題点を明らかにして適切な商品を提案する場合は、話をじっくり受け止められる受けのキャラクターをもった人材が求められます。

エントリーシートでは、自己ＰＲ、自分の長所・短所といった項目を記述することが求められますが、これは、企業が募集している業務・職種に求められるキャラクターとのマッチング、そして本人の希望業務内容とキャラクターとのマッチングを評価する上での情報として活用するためです。あなたが20年以上かけて培ってきたキャラクターというものは、就職活動を行う半年ないし1年で劇的に変えられるものではありません。訓練や意識づけで、自分がやりたいと思う業務・職種に求められるキャラクターへの改造はある程度はできますが、基本的には、求められるキャラクターに無理に合わせるのでなく、あなたの**「今」のキャラクターを活かせる業務・職種を模索する**とよいでしょう。

10 理系と文系の違い

義務教育までは、すべての人がすべての科目を同じだけ学んできましたが、高校からは自分の興味や得意科目、将来を見据えて、理系科目・文系科目のどちらかを重点的に学ぶことを選択して、いわゆる理系・文系に分かれていきます。理系科目の履修は、積み重ねと訓練が特に必要とされることから、文系の人が理系に転換するためには、それ相当の時間と努力が必要になります。大学での教育ではそれが顕著となることから、相対的に理系の方が専門性が高くなります。

就職活動においては、いわゆる技術職は、業務に関連する専門性に応じて学部・学科が指定されることが多くなります。実際には、専門性の高さというより、その専門分野の業務を遂行する上で必要な最低限のスキルの有無を学部・学科でふるいにかけている形になります。そのふるいにかからない場合は、あきらめるか、再度大学に入り直すしかありません。一方で技術職以外では、学部・学科は不問であることがほとんどですので、その点を考えれば、理系の方が選択の幅は広いといえます。

技術職でも、学部・学科を不問にしている職種としてシステムエンジニア（ＳＥ：System Engineer）があります。本来、ＳＥとは、いわゆるＩＴ業界に限らず、大規模なシステムの検討、管理業務のコンサルタントを指す言葉ですが、日本においては、主にIT業界における顧客の問題解決提案、システム設計・製作（プログラミングを含む）、運用支援等のシステム開発関連業務従事者全般を指していることが多いようです。日本の企業での採用において、SEがどの業務従事者を指しているかは企業によって違いがあり一概にいえませんが、すべての業務に共通して求められるのは論理性です。プログラミングやシステム開発の知識・スキル以上に、論理性がシステム開発では最重要視されるので、その能力をもっている人材を文系理系問わず募集しています。また、顧客に対して問題解決提案を行うSE（いわゆる上流SE）では、まず、顧客と会話をし、顧客が抱える業務上の見えない問題点を明らかにし、それを解決するために必要な具体的な提案を行う必要があることから、いわゆるコミュニケーション能力が重要視されます。逆にいえば、顧客の懐に入るコミュニケーション能力と論理性を兼ね備えていれば理系文系は問われない職種といえます。

採用の段階では、企業選択が理系文系の枠に縛られる側面はありますが、入社した後は、その垣根は急激に低くなります。文系で営業職についたとしても、自社製品を売り込む上で、顧客に技術的な説明をすることがありますので、技術的知識も習得しなければなりません。また技術者であっても、同僚や関連部署に業務内容や結果をわかりやすく論理的に説明するためのドキュメント作成、プレゼンテーションといった表現力、事務能力が必要とされます。また開発に携わる場合は、単に技術的知識があればよいというわけではなく、市場動向、時代変化など、社会的側面に対する深い洞察が求められます。技術系といえども管理職になれば予算管理を行うことになることから、会計の知識が不可欠になります。さらに経営に近い立場になれば、技術・事務を問わず、あらゆるスキルが求められます。

最初は、営業、技術あるいは事務の一担当者としてスタートする社会人生活ですが、いずれは、より上位の立場で、より大きな視点で業務に取り組むことが求められるようになります。そういう立場においては、文系理系という垣根はなくなり、両方のセンス・スキルをもつことが必須となります。逆に、そのような高度なスキルをもった人材だからこそ、評価され、キャリアアップできるのと同時に、その対価として高い報酬を手にすることができるようになるのです。

11 資格取得は役に立つのか？

就職活動のために資格取得に精を出す学生を見受けます。資格は、就職活動に役立つのでしょうか。資格取得には、どのような意味があるのでしょうか。

（1）エントリーシート（ES）や履歴書に書きやすい

取得資格は、履歴書に記載することができます。履歴書には、「資格・特技」の欄がありますが、何も資格をもっていない学生にとっては、記入するときに悩んでしまう欄だと思います。日商簿記検定試験の2級、3級とか、ITパスポート、基本情報技術者といった資格を取得していれば、それを書くことができます。

（2）難しい資格ほど価値がある

資格であれば何でもよいというわけではありません。1カ月で取得できる資格は、1カ月の価値しかありません。日商簿記検定3級よりも2級の方が価値がありますし、2級よりも1級の方が価値があります。やさしい資格をたくさん取得するよりも、難しい資格を一つ取得する方が価値のあることを念頭において、早めに準備をしておくとよいと思います。

（3）資格は採用の参考情報

採用担当者は、取得資格をどのように考えるのでしょうか。IT企業の場合には、ITパスポートや基本情報技術者の資格を取得していると、ITに関して興味があり、勉強していると考えます。入社後にITが嫌いだといったように職業とのミスマッチを防げるので、IT系の資格を取得している学生であれば、採用しやすいと考えます。

基本的な知識をどの程度保有しているかという目安にもなります。日商簿記検定2級、応用情報技術者などの資格を取得していれば、一定レベルの知識があると考えます。

（4）関連する資格を取る

資格であれば何でもよいというわけではありません。採用担当者からみると、取得資格によって学生がどのような方針で勉強してきたのかを把握することができます。簿記検定とIT系の資格を取得している場合には、なぜそれらの資格を取得したのかを説明できるようにしましょう。例えば、「会計システムに興味がある」、「簿記の勉強をしていたら、実務で利用している会計システムに興味をもちITにも興味をもった」などの説明ができるようにしておくとよいですね。

（5）採用で有利

公表されていませんが、企業によっては、採用時に資格が加点評価されるそうです。

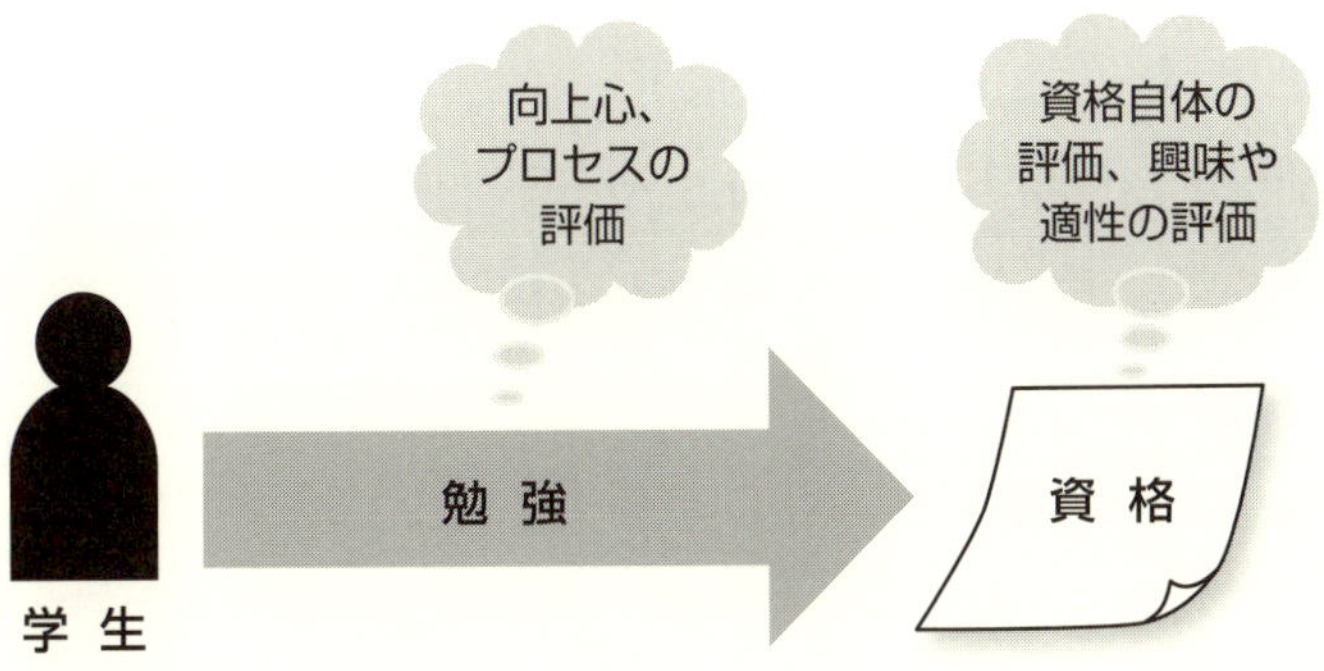

したがって、資格の取得によって、採用で有利になる可能性が高いと考えてよいでしょう。特に採用担当者の立場からすると、資格をもっている学生は、向上心をもって学業に取り組み、積極的であると評価することになると思います。**資格よりもその裏側にある「やる気」に注目**していることに注意しましょう。

12 英語力は必要か？

英語が嫌いな学生も少なくないと思います。英語力は必要なのでしょうか。多くの日本企業は、海外に進出しています。生産拠点や販売拠点も海外が中心という企業も少なくありません。ということは、つまり、英語力は必要です。企業によっては、楽天のように社内公用語を英語にしている企業も現れてきています。

どの程度の英語力が必要かどうかは、企業によって異なります。IT系の場合には、英語をそのまま仕事で利用できるケースが少なくありません。例えば、最近流行のクラウドコンピューティングを英語にすると、Cloud Computingです。専門的な知識やノウハウがあれば、ある程度の仕事ができると思います。

（1）継続的に勉強する

語学力を高めるためには、継続的な勉強が必要だと思います。また社会人のなかには、電車内で英語の雑誌や記事を読んだり、語学講座を聞いたりしている人もいます。海外のWebサイトを見てもよいかもしれません。筆者の知人には、BBCのサイトを日常的に見ている方もいます。

（2）TOEICを受ける

大学によっては、TOEICの受験を義務づけているところもあります。また、社員に積極的に受験させる企業も少なくありません。入社後のことも考えて、学生時代からTOEICを受験しておくとよいと思います。

（3）語学力が向上していることを強調する

TOEICの点数が高ければそれに越したことはありません。しかし、現実には、点数が高くない人、低い人も多いと思います。このような場合には、TOEICの点数が、何点から何点に向上したということを強調するようにしたらいかがでしょうか。

（4）英語以外の語学力をつける

英語が苦手な人でも、インドネシア語、ミャンマー語、ベトナム語などの言語の勉強は好きになるかもしれません。自分の好きな国、行ってみたい外国の言語を学ぶこともよいと思います。ある程度の英語力があれば、他の言語ができる方が有利になることがあります。

本章を読み終えましたら、巻末の**資料1「業種・職種・企業について」**を作成してみましょう！

3章

【3章を楽しむコツ】

社会人の行動や考え方を楽しく学び、成長につなげましょう！

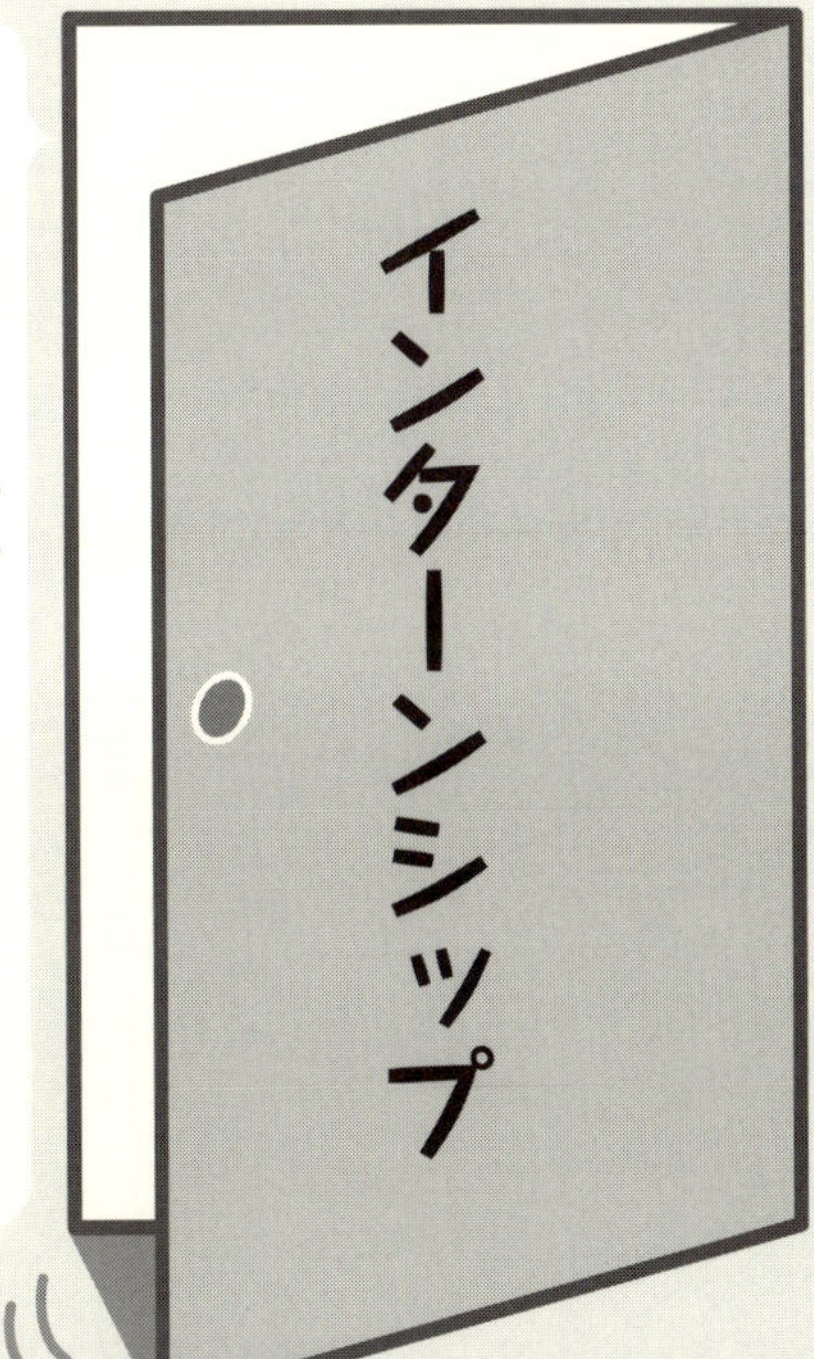

1 インターンシップを経験すべきか？

(1) インターンシップとは？

インターンシップとは、学生が企業等で就業体験をして企業や仕事について学ぶことです。3年生の夏休みに実施する企業が多いのですが、通年で行っている企業もあります。インターンシップの期間は、1～2週間から3週間、1カ月と企業によって様々です。短期間のインターンシップを複数経験する学生もいます。

大学（学生）と企業をつなぐものがインターンシップであり、インターンシップは、社会に巣立っていく学生が、自分の将来やキャリアを考える機会の一つだといえます。

(2) インターンシップを経験する理由

インターンシップは経験した方がよいのでしょうか？ 結論からいえば、インターンシップを経験した方がよいと思います。その理由は、例えば、次のような点にあります。

・企業がどのような組織や仕組みになっているのかを学ぶことができる。
・インターンシップ先の社会人から、仕事や企業について様々なことを教えてもらえる。

・仕事での「責任」や、「やりがい」、「働きがい」について社会人の考えを直接聞くことができる。
・仕事だけではなく、懇親の場を通じて、社会人としてのマナーを学ぶことができる。

どのような点に価値を見い出すかは、学生によって異なりますので自分自身でよく考えてからインターンシップを経験するとよいと思います。

(3) インターンシップ経験者のよい点

筆者の知っている学生は、3週間ほどのインターンシップを経験して、人間として大きく成長しました。企業の方に同行して顧客を訪問したり、社内会議に参加したりして、どのように仕事を行うのかを学んだようです。また簡単な書類の作成を担当して、大学の授業で提出するレポートとは全く異なった文書づくりを経験しました。

インターンシップ期間の途中で学生と企業の方と会食をしましたが、その学生のコミュニケーション能力の向

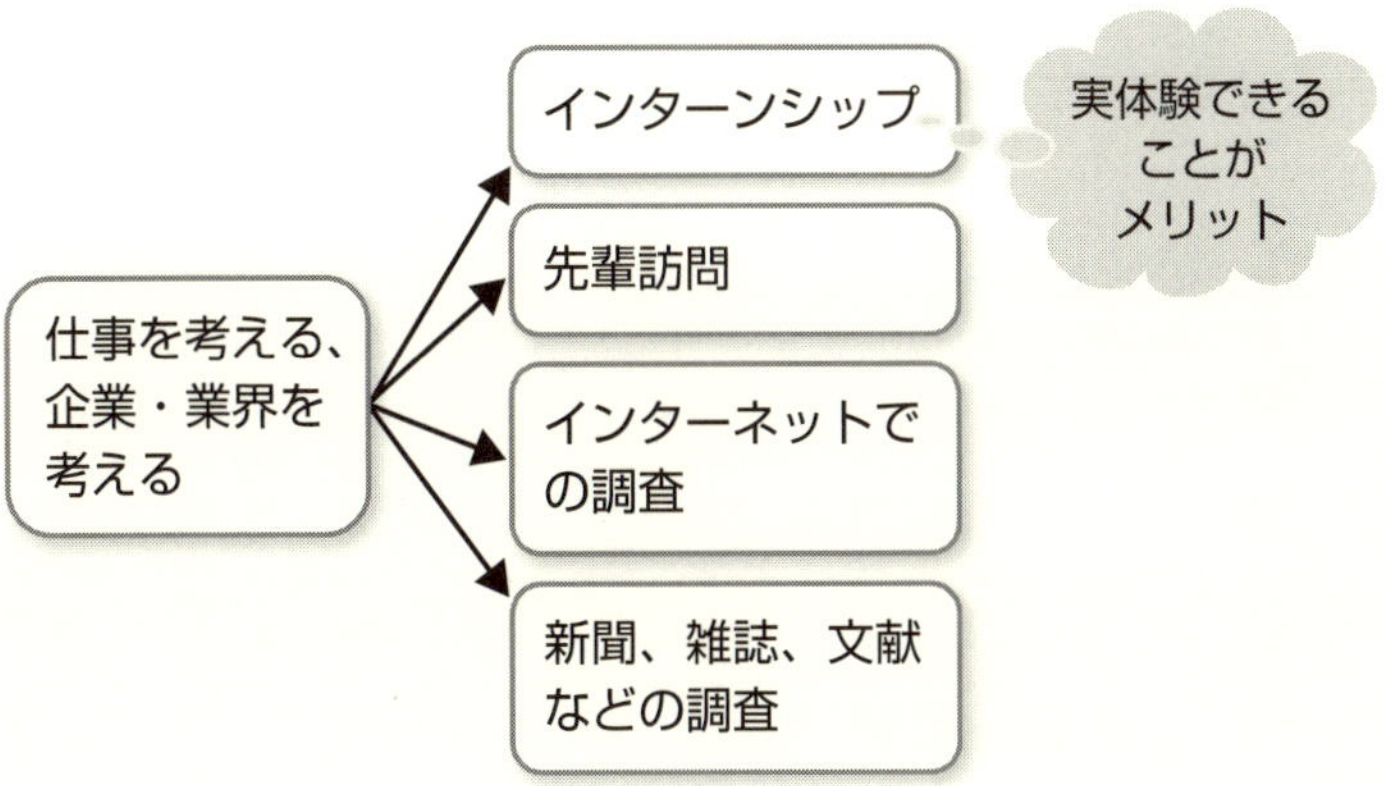

上など、成長ぶりに目を見張ったことを覚えています。インターンシップ、言い換えれば社会人の仲間入りをすることで、人間として成長できると思います。

(4) 企業以外のインターンシップ

インターンシップを実施しているのは企業だけではありません。市役所などの地方自治体や官庁なども実施しています。公務員に関心のある学生は、こうした機会を利用してもよいと思います。企業と官公庁の仕事や、職場の雰囲気の違いがわかると思います。

2 インターンシップは採用に関係するのか?

(1) 採用との関係

学生の皆さんが最も気にしていることが、インターンシップと採用との関係だと思います。インターンシップを経験すれば、就職活動で有利になるのでしょうか?

採用活動の際に有利になる企業と、そうではない企業がありますが、就職活動においてメリットがあると思います。それは、次のような理由によります。

(2) 企業側からインターンシップを見ると

インターンシップを行うことは、企業にとって、大きな負担となります。例えば、インターンシップを受け入れるための準備が必要になります。インターンシップ希望者の選考、机、パソコン、制服などの準備、学生を指導する担当者の手配があります。交通費などを支給する企業では、交通費などの支払いのための事務作業、インターンシップのカリキュラム(どのような仕事をどこで学ばせるか、発表会をどのように行うかなど)を作成しなければなりません。このほかにも多くの作業負荷がかかります。

こうした作業負荷を考えても、企業がインターンシップを行うのには、例えば、次のような理由があります。

・社会貢献
・企業PR
・学生の考えを知る
・よい学生を発掘する

(3) 就職活動でのメリット

学生には、インターンシップを経験することによって、社会性が身につく、業界や企業の実態を知ることができる、企業に自分のことを知ってもらえる、といったメリットがあります。優秀な学生は、インターンシップを通じて、企業にアピールすることができます。企業では、採用面接という限られた時間内で多くの学生を面接し、優れた学生を見つけなければなりません。これは、採用担当者にとってかなり厳しいものです。インターンシップ期間中に学生の考え方、性格、能力などを把握している学生が面接を受ければ、その人物を安心して採用することができます。もちろんこれには、マイナスもあります。インターンシップで能力のない学生だと評価されてしまえば、面接でいくらよいことをいっても採用されないことになるからです。

(4) インターンシップを経験しなければ採用されないのか?

そのようなことは全くありません。企業が求める学生であれば、インターンシップを経験していなくても、もちろん採用されます。採用試験は、学生の人物や能力を見る場です。自分の考えをしっかりともち、面接などで自分の考えをはっきりと伝えることができれば問題はありません。

(5) ミスマッチを防ぐインターンシップ

インターンシップを経験すると、自分が希望する企業や仕事とのミスマッチを防ぎやすくなります。もちろん、2週間程度のインターンシップで企業のすべてのことがわかるわけではありませんが、全く経験しないよりは経験した方がよいでしょう。

3 インターンシップで何を学ぶのか？

インターンシップは、ただ経験すればよいというものではありません。自ら学ぶ姿勢がなければ、インターンシップでの経験が自分のためになりません。それでは、インターンシップからどのようなことを学ぶことができるのでしょうか。またインターンシップは、どのような姿勢で経験すればよいのでしょうか。

（1）企業という組織を学ぶ

学生の皆さんが社会経験を積む代表的な機会としては、アルバイトがあげられます。アルバイトとしては、コンビニエンスストア、スーパーマーケット、飲食店などで経験することが多いと思います。店長がどのよ

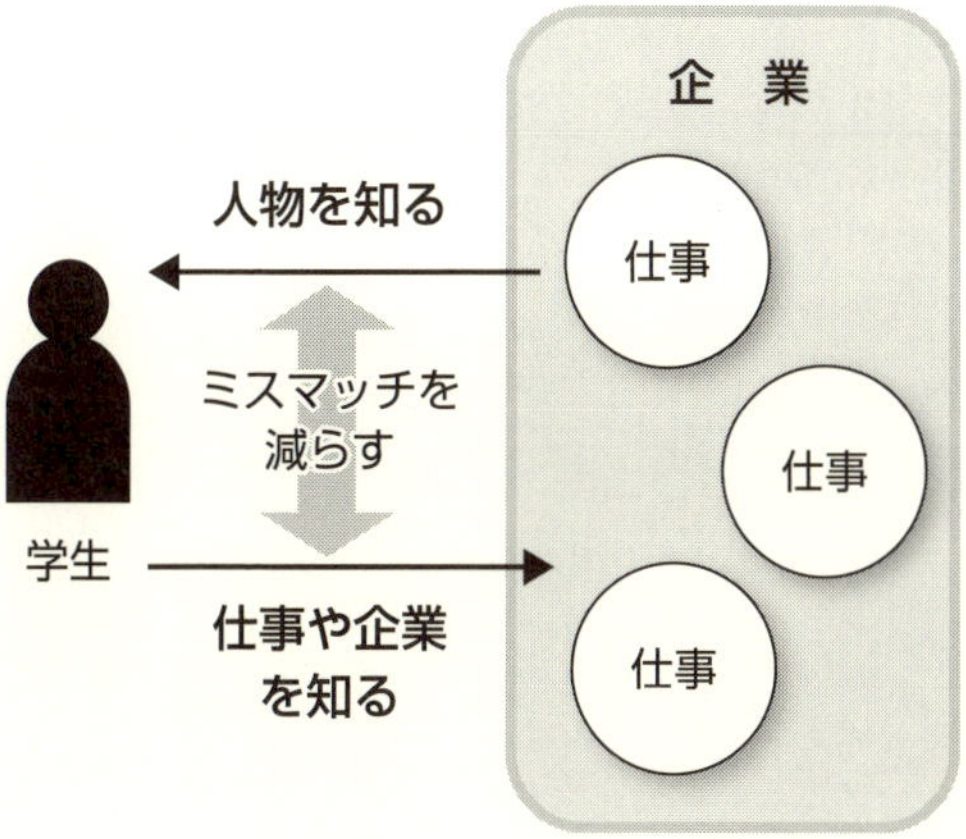

うに働いているのか、お店の組織はどのようになっているのかを学ぶことができます。

しかし、アルバイトでは、大きな組織がどのように動いているのかを知ることは難しいと思います。例えば、コンビニエンスストアという企業の組織を知るためには、その本社でインターンシップを経験する必要があります。企業にはどのような職位の人がいて、どのような仕事があり、どのように組織が動いているのかを知るためには、インターンシップで学ぶとよいでしょう。

(2) 仕事がどのように行われるのかを学ぶ

企業には、営業、生産、調達（購買）、人事、経理、研究開発など様々な仕事があります。営業といっても、様々な営業の進め方があります。個人営業を中心とする企業から、チーム営業を中心とする企業まで多様です。インターンシップは、SE（システムエンジニア）や、システムのオペレータがどのような仕事をしているのかを知る機会になります。

インターンシップ先の企業の人たちが、どのような仕事をしているのか、その内容は何か、ということを、自分で体験したり、社員に質問したりして、仕事の内容を聞いてみるとよいと思います。インターンシップ先の社員は、喜んで説明してくれます。待っていては教えてくれませんので、自分から積極的に質問することが大切です。

(3) 人間関係を学ぶ

仕事は、多くの人が関係し合って行われます。また職場のなかでは、多種多様な性格の持ち主が集まっています。こうした人たちが、企業や職場の目標を達成するために、どのように協力して仕事を進めているのか、その人間関係を観察するとよいと思います。課長や係長は、自分の部下の状況をミーティングや日常会話のなかで把握します。部下の間に仕事の偏りはないか、健康状態に問題はないか、仕事を行う上での問題が発生していないか、何か顧客とのトラブルを抱えていないかなど、様々なことを把握します。

インターンシップでは、職場のなかに入り込むことができるので、よい管理職や社員の人を見つけて、彼らがどのような行動をとっているか、職場の人間関係をよくするためにどのような工夫をしているのかなど、職場の人間関係を肌で感じるとよいでしょう。

(4) 社会人としてのマナーを学ぶ

社会人には、様々なマナーがあります。挨拶、接客、電話応対など、社会人はどのように行っているのでしょうか。インターンシップでは、営業担当者に同行して得意先を訪問することがあります。その時に営業担当者がどのような会話を行っているのか、どのような態度で接しているのかなどを学ぶとよいと思います。

（5）仕事の「やりがい」や「働きがい」を学ぶ

仕事の「やりがい」や「働きがい」とは何でしょうか。仕事や家庭との両立、趣味をどのように楽しんでいるか。そのようなことを、社会人の方から直接聞いて、自分の将来設計を考えるとよいと思います。最も身近な保護者などから話を聞いてもよいのですが、保護者や知人以外の生の声を聴くことができるのも、インターンシップのメリットの一つです。

4 やってはいけないインターンシップ

インターンシップは、様々な企業が実施しています。しっかりしたカリキュラムを作成して、学生を教育している企業が多いと思いますが、なかにはインターンシップを不適切に利用している企業があります。

インターンシップでは、基本的に報酬は支払われません。交通費などの実費を負担する企業はありますが、労働の対価を払うことはありません。なぜならば、インターンシップは、学生が企業から学ぶ場であるからです。企業は、学生に働いてもらって、収益を得ることを目的にはしていないからです。インターンシップは、企業から見ると費用の持ち出しなのです。

インターンシップを行っている企業のなかには、学生に対する対価（アルバイト料）を支払わないで、労働力を得ようとする企業があります。こうした企業では、学生を育成するのではなく、学生を無償の労働力として利用しようと考えていますので、注意が必要です。

具体的には、次のような点に注意して下さい。

（1）インターンシップのカリキュラムをもっていない企業に注意

インターンシップの説明会などで、インターンシップのカリキュラムについて説明をしていない企業の場合には、注意が必要です。労働力としてインターンシップを利用しようと考えている企業の場合には、カリキュラムは必要ではないからです。

（2）インターンシップが長期間にわたる企業に注意

インターンシップ期間は、2～3週間くらいが多いと思います。1週間というものもあります。その期間内で、企業や仕事の概要を学んでもらうのがインターンシップです。またインターンシップで学んだことを、レポートにして、発表会で報告するということが一般的に行われます。

インターンシップの期間が、3カ月、半年という場合には、学生を労働力として考えている可能性がありますので、注意した方がよいと思います。もちろん、なかには時間をかけて実践の手伝いをしながら学ばせるという企業もあります。こうした企業の場合には、授業のことを考えて、時間を決めるというように配慮するはずです。疑わしい企業の場合には、授業との関係などについても、十分に確認する必要があります。

（3）夏季休暇以外の時期に実施している企業に注意

インターンシップは、多くの場合、長期休暇中に行っています。授業期間中にインターンシップを行う企業の場合には、学生を労働力として考えているかもしれませんので注意しましょう。

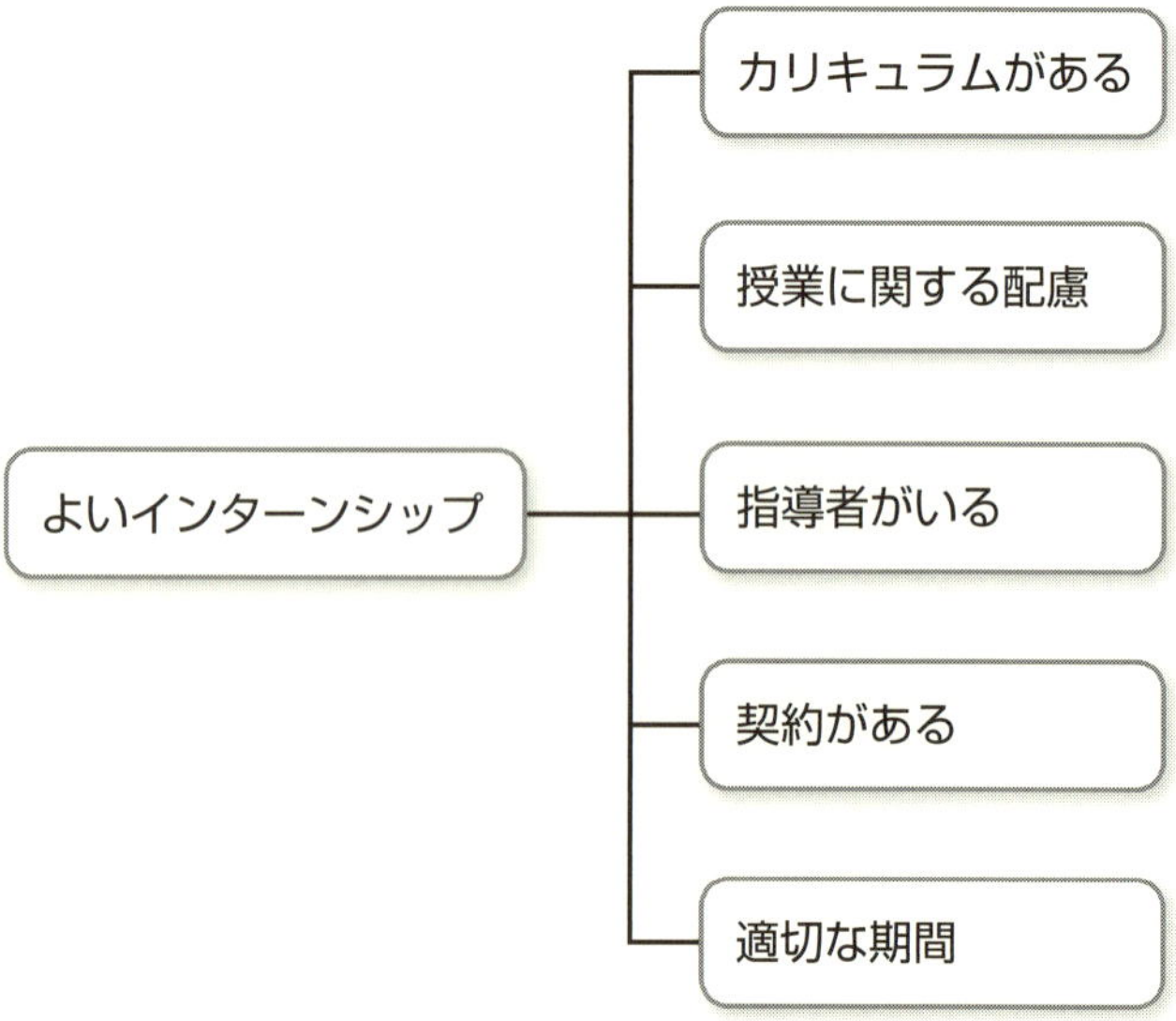

4章

［4章を楽しむコツ］

いろいろな会社を比較できる貴重なチャンスです。会社の違いを感じとりましょう！

1 会社説明会の目的

就職活動の最初のステップが会社説明会です。会社説明会は、次のような視点から情報収集をするとよいでしょう。

（1）企業情報の収集

会社説明会は、学生にとって、企業情報を直接収集する最初の機会です。企業がどのような事業を行っているのか、将来性はどうか、処遇（給与、休日、福利厚生など）について、情報を収集する場なのです。

会社説明会では、企業のパンフレット（新卒採用向け）などの資料を使ったり、映像を使ったりして企業の紹介をします。例えば、次のような内容が説明されます。

- 企業概要（売上高、利益、資本金、従業員数、主要な事業所など）
- 経営理念（どのような企業を目指すのかといった方針）
- 事業内容（主な事業と売上高、商品やサービスなどの具体的な内容など）
- 採用人数、職種（営業・事務・技術、総合職・一般職など）
- 処遇（初任給、休日、労働時間、福利厚生など）

・勤務地
・先輩社員の声

(2) 企業のPR

企業にとって、会社説明会は、自社の魅力を学生にPRする場であるといえます。学生から見た企業の魅力には、次のようなものがあります。

・成長性（売上高、利益、従業員数などの伸び、新しい事業の内容、今後の市場の伸びなど）
・安定性（財務上の安定性、事業がなくならないという安定性、離職率など）
・知名度（社会での知名度、親会社の知名度など）
・処遇（初任給、休日、労働時間、福利厚生など）
・先輩社員から見た魅力（働きがい、職場の雰囲気など）

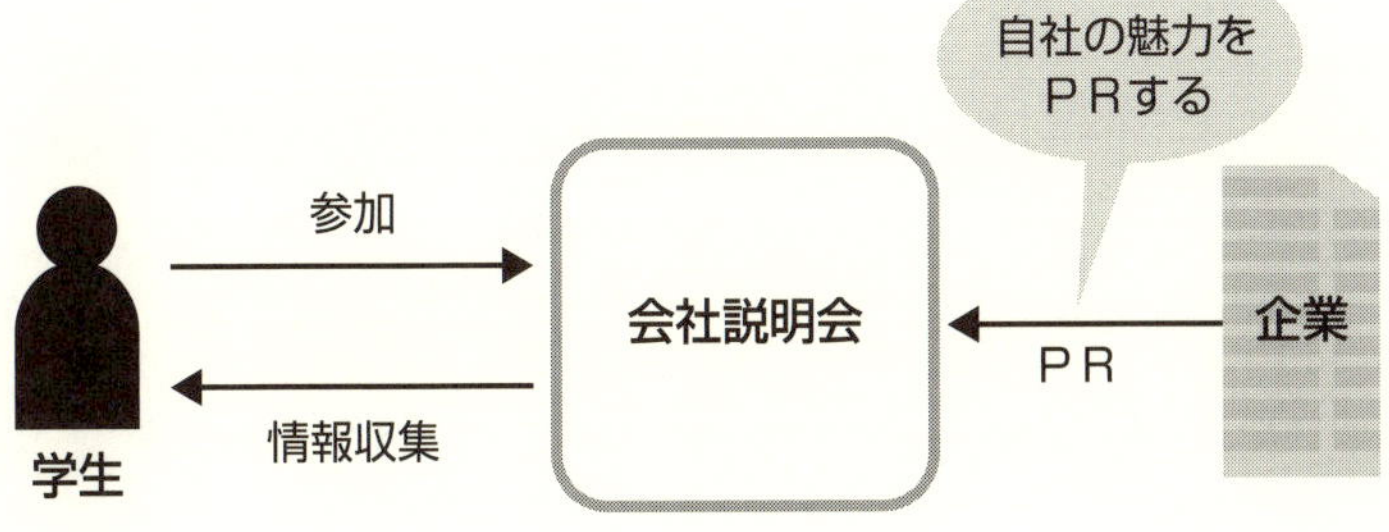

（3）会社説明会に参加できない場合は、どうすればよいのか？

会社説明会への申し込み（エントリー）ができなくて、心配する学生が少なくありません。授業中にスマートフォンを操作して、会社説明会へのエントリーをしたり、結果を見たりする学生も多いと思います。

会社説明会に参加できない場合には、どのように対応したらよいのでしょうか。筆者は学生に、企業の採用担当者に問い合わせるようにアドバイスしています。「貴社で働きたいと考えていますが、会社説明会の予約ができずに困っています。どのようにしたらよいでしょうか？」という問い合わせをすればよいのです。学生の企業に対する熱意が伝わると思いますし、積極性も評価されるかもしれません。自分の名前を採用担当者が記録してくれるかもしれません。

「マイナス」を「プラス」に変えるような取り組みが就職活動では特に求められます。

2 会社説明会への申し込み

会社説明会への申し込みは、通常インターネットで行います。そこで、パソコンやスマートフォンが就職活動の必須アイテムになるわけです。

また、あらかじめ採用のWebサイトに自分の連絡先などを登録しておけば、自分のメールアドレス宛てに連絡がきます。興味のある企業から連絡がきたら、申し込みをすればよいというわけです。

(1) 事前の準備が重要

会社説明会の案内がきてから、その企業がどのような企業なのかを調べて、参加申し込みをするかどうかの判断をしているようでは、就職活動で生き残ることは難しいと思います。かなり前から、自分で業界や企業研究を行っておくことが必要です。

業界研究をする場合には、各種業界の状況や今後の動向、主要企業、市場でのシェアをまとめた書籍が出版されています。大学の就職支援室（課）、キャリア支援課などの就職を支援する部門に備えつけられていると思いますので、一読しておくとよいでしょう。世の中にはどのような業界があって、その業界にはどのような企業があるのかを把握しておきましょう。

(2) 人気企業だけが企業ではない

学生が陥りやすい企業選択の誤りは、CM、インターネット、日常生活などで目にする企業の中から就職先を考えてしまうことです。学生の皆さんが知っている企業はごく一部です。

皆さんが知っている企業は、いわゆる、BtoC（企業対消費者）のビジネスを行っている企業がほとんどだと思います。例えば、銀行、コンビニエンスストア、スーパーマーケット、食品などの業界ではないでしょうか。

これ以外にも、製造業、鉱業、窯業、建設業、IT企業など、様々な業界があります。どのような業界があるのかを知る簡単な方法は、新聞の株価欄を見ることです。新聞（電子新聞やネットを含む）を読まない学生が少なくありませんが、日ごろから新聞やニュースに注意しておけば、就職活動のときにあわてなくて済むと思います。

（3）パソコン、スマートフォンを用意する

パソコンやスマートフォンをもっている学生が多いと思いますが、なかには自宅のパソコンを家族と共有して利用していたり、大学のパソコンを利用していたりする学生もいると思います。会社説明会に参加申し込みするためには、自分専用のパソコンやスマートフォンを用意した方が便利だと思います。

（4）早めに申込時期を調べておく

採用スケジュールは、企業によって異なります。興味のある企業については、会社説明会の日程を早目に把握しておくことがポイントです。また会社説明会は、どのような方法で受

け付けるのか（先着順か抽選か）、何回開催されるのかなどについても調べておきましょう。

（5）採用活動に関係するのか？

会社説明会への参加が、その後の採用活動に関係する場合もありますので、注意が必要です。この場合には、会社説明会に必ず参加しなければなりませんので、申し込みを忘れないようにしましょう。

（6）会社説明会での採用試験

企業によっては、会社説明会のときに筆記試験なども行ってしまうことがあります。就職活動の後半で採用プロセスが短い企業などで行われる手法です。会社説明会で筆記試験が行われても、あわてないように事前に調べておきましょう。

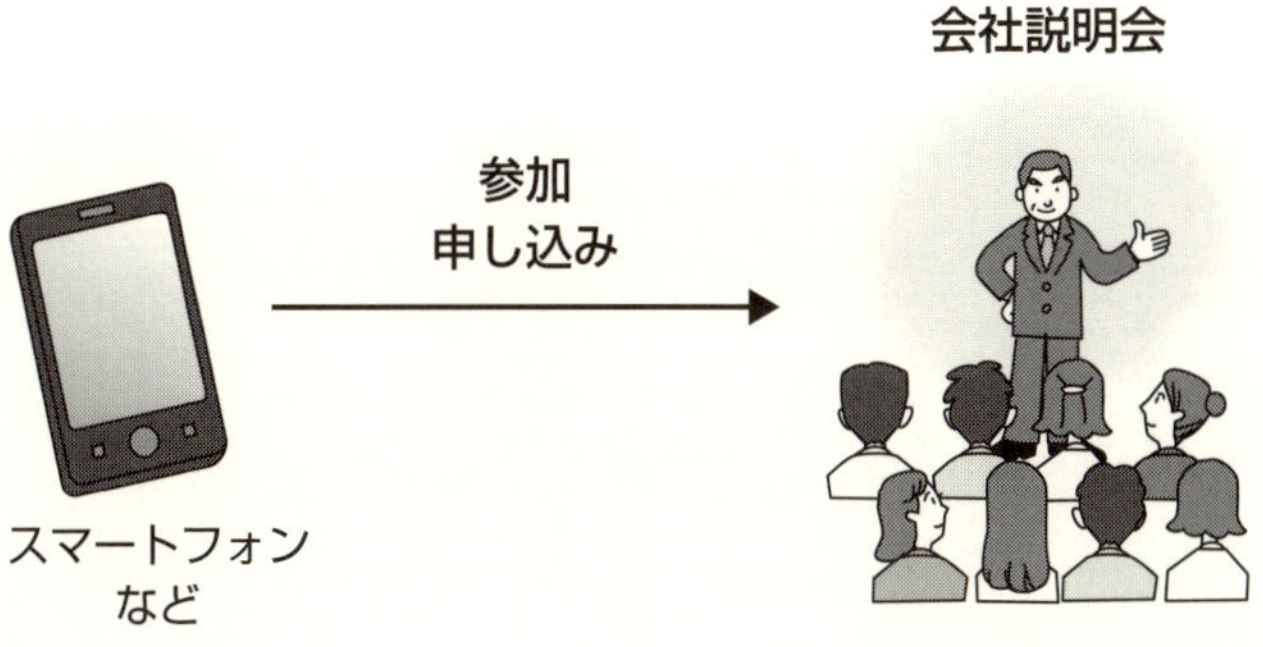

3 会社説明会で何を聞き、何を見ればよいのか？

会社説明会にただ参加すればよいというわけではありません。それでは、どのように会社説明会に臨めばよいのでしょうか。

(1) 全体の雰囲気を知る

会社説明会の雰囲気はとても重要です。もちろん参加者は皆緊張していますから、重苦しい雰囲気もあるかもしれません。しかし、説明会がだんだん進んでいって会場の雰囲気に慣れてくると、皆さんもだんだん何をすべきかわかってくると思います。

雰囲気を知るためには、自分の直感を重視することがポイントです。子供は、自分にとってよい大人か、悪い大人かを直感で判断します。犬や猫などの動物も同じです。また皆さんもお店に入ったときに、自分に合ったお店かどうかを直感的に判断しますよね。この方法を会社説明会でも使って下さい。

会場を見渡して、どのような参加者が多いのかを調べ、説明している社員がどのような人物かを感じ取るとよいでしょう。ひょっとすると、一緒に仕事をすることになるかもしれないからです。

なお、気づいたことは、必ずメモを取るようにしておきましょう。

（2）自分のイメージとの違い

実際の企業のイメージが、ホームページなどで調べていた企業のイメージと合っているかどうか確認しましょう。事業内容は、学生の知識ではよくわからないのが普通です。どのような事業を行っているのか、これからどのような事業に取り組もうとしているのかを知ることが大切です。皆さんが入社したら、新しい事業に従事するかもしれませんから。

業務内容について把握することも重要です。最近は、総合職・一般職、営業・営業事務・技術職など、職種別に採用することが少なくありません。自分はどのような仕事をしたいのか、企業は自分にどのような仕事を担当させようとしているのかを把握して、仕事とのミスマッチが起こらないようにしましょう。

（3）悪い点を説明しているか？

会社説明会は、企業にとって自社のPRの場です。自社のよいところを強調しようと考え、悪い話をしたがらないのが人情です。したがって、自社の弱点や改めなければいけない点などを説明する企業は、非常に良心的だといえます。自社の悪い点を説明する企業は、信じてもよいと思います。反対に、よいことしかいわない企業の場合には、少し疑ってかかる必要があると思います。

会社説明会に参加して、懐疑心をもって話を聞く経験は、授業では得られない貴重な経験になります。ぜひ「懐疑心」をもって会社説明会に臨んで下さい。

(4) 受付の対応

受付の対応が、感じがよいかどうかという視点も大切です。感じがよい企業では、受付の対応もよくなります。気配りのよい受付ができる企業には、入社してみたいものです。

(5) 会社説明会で何を質問すればよいのか?

学生から見ると、残業が多いのか、残業代は支払ってもらえるのか、休暇は取れるのかなどが気になると思います。しかし、こうした質問をすることはあまりおススメしていません。5年後、10年後にどのような仕事や生活をしているのか、先輩社員の様子について質問すれば、残業に明け暮れているのか、趣味や家族も大切にしているのかを知ることができるからです。

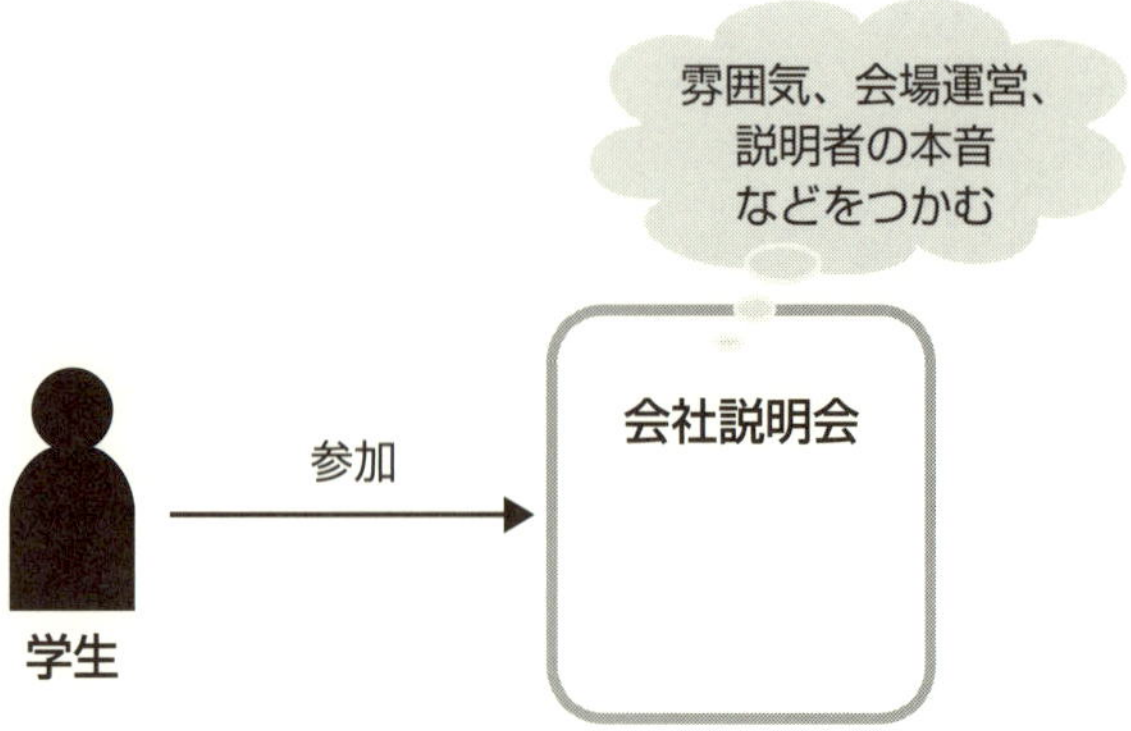

4 よい企業は会社説明会でわかる

会社説明会というと、多くの学生は、企業が学生のことをチェックしているのではないか、会場で質問をすれば採用担当者が自分のことを覚えてくれるのではないか、といったことを考えます。こうした考え方は、「会社説明会＝企業が学生を評価する場」と捉えていることが原因です。

これは、大きな間違いだと思います。会社説明会は、学生が企業をチェックし、評価する場でもあるのです。就職活動は、学生と企業が対等の立場にあります。時代によって、採用側が有利（買い手市場）であったり、学生側が有利（売り手市場）であったりします。しかし、採用というのは、企業と学生の両者が合意して、はじめて成立するものです。「お見合い」と同じなのです。いくら自分が相手を気に入っても相手から断られたら結婚は成立しませんし、反対に、相手が気に入っても自分が気に入らなければ結婚は成立しません。

こうした考え方に立って、自分が企業をチェックするという姿勢で会社説明会に参加してみるとよいと思います。会社説明会で、企業をチェックするポイントとしては、例えば、次のようなものがあります。

（1）社員の態度、身だしなみ

会社説明会には、採用担当の社員（人事部社員）や応援者などが集まります。彼らは企業の顔ですから、どのような人たちが企業で働いているのかを知るよい機会です。言葉づかい、身だしなみ、態度はよいでしょうか。企業が学生の皆さんをチェックしているのと同じことをすればよいのです。美しい言葉づかいで、服装もキチンとして、学生に対して誠実に対応してくれるような社員であれば、入社して一緒に働きたくなるものです。

（2）説明会運営の巧拙《こうせつ》

会社説明会には、大勢の学生が集まります。説明会の運営も大変なはずです。運営が大変な説明会を円滑に運営するためには、マネジメント能力が必要になります。事前の準備、当日の運営、事後の整理などが円滑に行われている企業は、よい企業だといえます。おそらく日ごろの業務もキチンと行われていると思いますので、皆さんが入社してから皆さんを成長させてくれる企業だといえます。ある企業では、説明会に来訪した学生にお礼のメールを送信しています。このような企業は、人を大切にする企業だと思いませんか。

（3）企業の雰囲気

説明会の雰囲気は、企業の雰囲気を反映することが少なくありません。どのような雰囲気なのか、自分に合った雰囲気、つまり社風の企業かどうかを、感じ取って下さい。理屈ではありません、感覚が大切です。皆さんが「よい雰囲気の企業だな」と思う企業は、企業からも皆さんのことを「よい感じの学生だな」と思われることが少なくないと思います。

（4）問題発生時の対応

説明会に遅刻しそうになったり、体調不良等で参加できなくなったりしたときに、企業に連絡しなければならないことがあるかもしれません。実はそのときの企業の対応が、企業を評価する重要な機会となります。別の機会を用意してくれたり、学生の不安感を気づかって、優しい言葉をかけてくれたりするような企業はよい企業だと思います。あなたの体調のことを心配してくれるような企業でしたら、ぜひ、その企業で働きたいと思うのではないでしょうか。

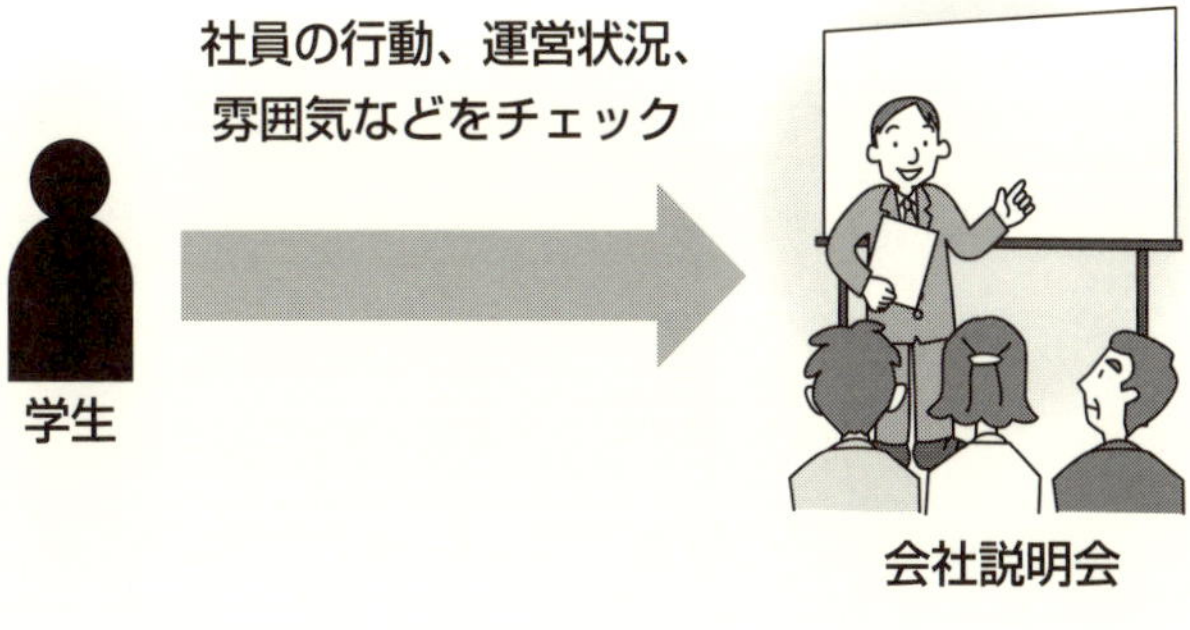

5 合同説明会

会社説明会の方法の一つに、合同説明会があります。合同説明会は、多数の企業が一堂に集まって、企業ごとに設けられたブースで自社の説明を行うという方式です。

（1）合同説明会の種類

合同説明会には、次のように大学を特定しないものと、特定の大学を対象にしたものがあります。

①学外合同説明会

学外合同説明会には、就活生を対象に広く行われるものです。他大学の学生も多数集まり、テレビなどで報道されることもあります。学生の立場から見ると、他流試合のようなものだといえます。隣に座った学生が○○大学なので、気おくれしたという感想を漏らす学生もいます。

②学内合同説明会

学内合同説明会は、皆さんが所属する大学で独自に企業を集めて開催されるものです。皆さんの所属する大学から学生を採用したい、あるいは採用してもよいと考えている企業が集まりますので、学外合同説明会に比べて、採用されるチャンスが多いと考えることができます。

(2) 合同説明会のメリット

合同説明会は、一度に多くの企業の説明を受けることができますので、効率的に情報収集ができるというメリットがあります。企業ごとに行われる会社説明会の場合には、1日に参加できる企業数は、会場の移動時間などを考えると2社か、多くて3社程度だと思います。これに対して、会社説明会は、1日で5～6社というように多くの企業の説明を受けることができますので、時間の節約にもなります。また、企業の比較もしやすいと思います。細かい話ですが、交通費の削減ということもメリットです。就職活動では、交通費にお金がかかるという話をよく聞きます。

(3) 参加のポイント

① 人数の少ないブースを狙う

合同説明会に参加している学生の様子を見ていると、著名な企業のブースに大勢の学生が集まることが少なくありません。一方、あまり知名度の高くない企業のブースには、学生が少ないというケースがあります。合同説明会では、あえて学生の少ないブースを回って話を聞くのもよいと思います。学生が少ないと、その企業の採用担当者は、皆さんのことをよく覚えてくれると思いますし、企業の説明をゆっくり聞いて、質問も十分できます。もちろん、全く興味のない企業の説明を聞く必要はありませんが、「食わず嫌い」にならずに、自分の知らないよい企業、自分に合った企業を探すきっかけになると思います。

② 事前に参加企業を調べておく

合同説明会の会場に入ってから、どの企業のブースに行くかを考える学生がいます。その場で考えることは非効率ですし、後で、「あの企業の話を聞けばよかった」ということにもなりかねません。事前に参加企業について、インターネットなどで調べておき、説明を聞きたい企業を決めておくとよいと思います。

会社説明会に参加する場合には、巻末の**資料2「会社説明会管理表」**を用いて、スケジュール管理や、本章で説明したポイントの整理をしておきましょう！

5章

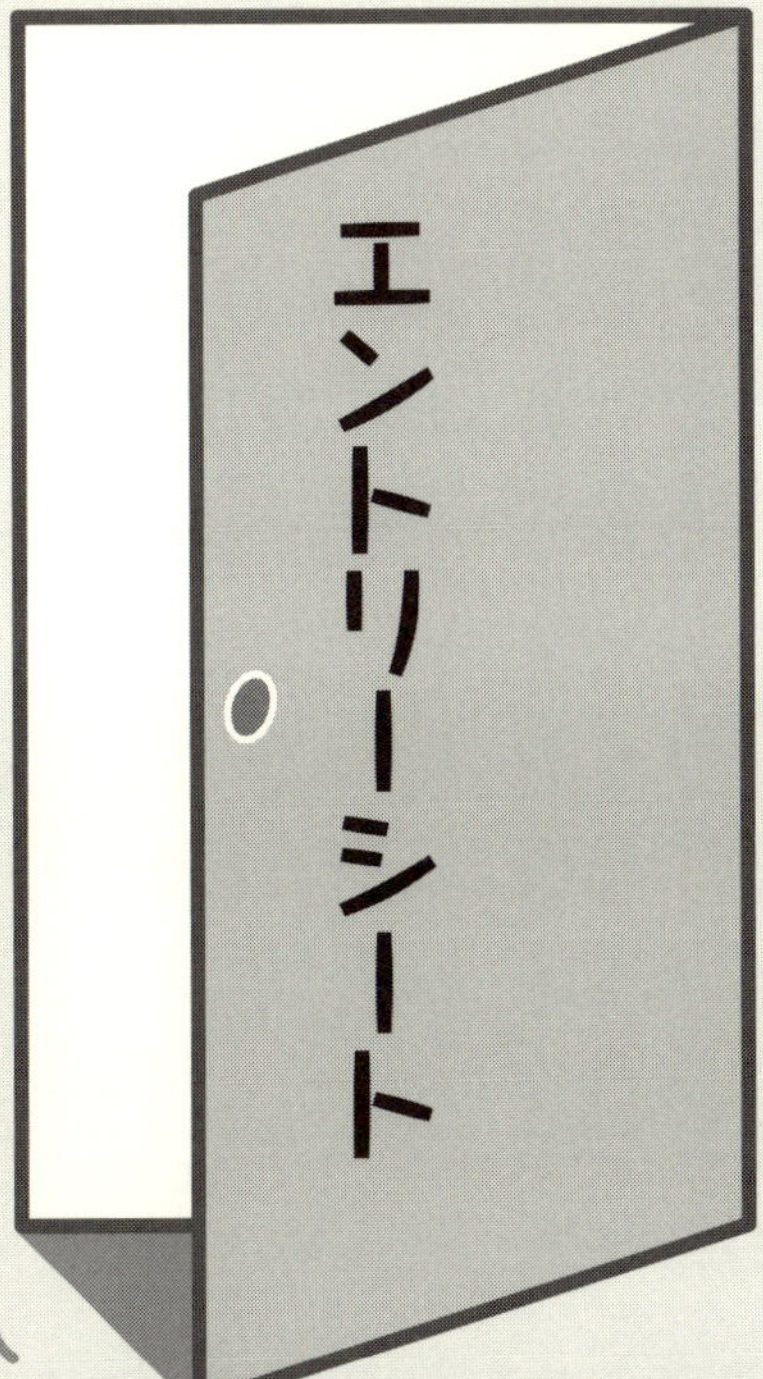

【5章を楽しむコツ】

自分のよいところを発見できます。
友人と楽しく相談して書いてみましょう！

1 エントリーシート（ES）とは何か？

エントリーシート（ES）とは、履歴書とは別に、企業の採用募集に応募するための応募用紙・願書のようなものです。記載が求められる内容は企業によって様々ですが、志望動機、キャラクター（長所・短所等）、大学での研究内容、学業外での活動等が一般的です。また、その業界に関連する特定のテーマへの課題や小論文を課すこともあります。ESの目的は、応募者に関する情報を得ることで、自社が求める人材像に近い人材を効率よく抽出することにあります。

戦後から1980年代までは国内経済の成長が続き、採用規模も今よりずっと大きかったのですが、1990年以降は国内経済の成熟化が進み、採用人数が少なくなりました。その結果、企業としてはより自社で求める人物像に近い人材を求め、厳選して採用する傾向が強まりました。インターネットの普及に伴い、採用プロセスのネット化が進み、簡単に応募できるようになった結果、多数の応募者を確保できるようになりました。ある中小企業では、募集若干名に対して1500名以上の応募があったそうです。厳格な選考を行うためには、面接で話をじっくり聞くことが不可欠ですが、全員に対してそのような面接をすることが、時間的にも、マンパワー的にも困難です。そこで、ESで書類選考を行い、選考プロセスの効率化を図るようになりました。大企業や人気企業のように応募者数が多い企業ではこうした傾向が顕著であり、ESが必須となっています。一方で、相対的に応募人数が少ない企業ではESを課さないケースも少なくありません。

ESは提出させるけれど書類選考は行わない企業も数多くあります。こうした企業の目的は、ESを参考にして面接を行うことで、ポイントを絞った効率のよい面接を進めることにあります。ESを使って書類選考を行う企業でも、基本的に面接はESに記載された内容を中心に進められることになります。

ESの代表的な記載項目には、志望動機、自己PR、長所・短所、学生時代に力を入れたこと（通称「**ガクチカ**」）、課題・小論文があります。これらについては、後で詳しく説明します。

2 どのようなESが通るのか？

ESの目的は、企業があなたについての理解を深めることと同時に、その企業や業務に対する理解度、本気度を測ることです。そのため、いかにわかりやすく伝えるか、いかに真剣であるかを伝えることが求められます。本章の1節で述べたように、ES自体で選考する場合もありますし、面接を効率よく進めるための材料として使われる場合もあります。いずれにしても、評価するポイントは、①確固たる職業観をもっているか、②その仕事に関する素養（スキル）や適性があるか、そして、③辞めない人間かという点です。

採用担当者は、多数のESを読まなければならないので、書式などに不備がある場合には、読んでもらえないかもしれません。書式、提出期限、提出方法などには、間違いのないように注意して下さい。

ここでは、ESの体裁について、説明します。

手書きの場合はていねいに書く、誤字・脱字をしない、鉛筆を使わない、修正液や修正シールを使わないというのは常識ですが、特に、手書きの場合には内容以上に字のていねいさが印象に残りますので、ていねいに書くことに最大の注意を払って下さい。Web入力の場合は文字数オーバーに注意が必要です。尻切れトンボな原稿は致命的です。また、手書き、Web入力に共通することですが、文字数は指定数の90％以上が必須です。

3 志望動機・志望理由の書き方

ESの目的は、前で説明しましたが、企業があなたについての理解を深めることと同時に、その企業や業務に対する理解度、本気度を測ることです。そのため、志望動機では、いかにわかりやすく伝えるか、いかに真剣であるかを伝えることが求められます。

志望動機は、シンプルな方が迫力があると思います。例えば、小さいころから鉄道が好きで「鉄道に関わる仕事をしてみたい」、アルバイトで小売業を経験したら「モノをお客さまに直接売る仕事が好きになった」といった志望動機でもよいと思います。

志望理由の記述に際しては、考え抜いた末、この企業にたどり着いたという姿をアピールする必要があります。そのためには、基本的には、実現したい社会貢献（あるいは自己実現）→業界の志望理由→その企業の志望理由→職種の志望理由という流れで述べるとよいと思います。文字数制限でここまでかけない場合は、その企業の志望理由に力点をおくことになります。よく「貴社の○○に共感したから」という内容にする人がいます。素直な気持ちなのだろうとは思いますが、これだけでは業界研究・企業研究ができていないと判断されてしまいますので、このようなフローを参考にして、最低でも、なぜ○○に共感したのか、その理由を具体的に述べるようにして下さい。

なお、ここで重要なのは、具体的なエピソードを示すことです。これを示すことで説得力が増します。この具体的なエピソードは、すぐに思い浮かぶものではありませんので、早目にメモに書き出して準備をしておくとよいと思います。

4 長所・短所の探し方・書き方

長所・短所（特に長所）と自己PRとの書き分けに戸惑う人も多いようですが、狙いは明確に違うとともに相互に関連し合っています。それぞれの狙いと関連性を見ていきましょう。

後述する自己PRにおいて、自分のキャラクターがその仕事にいかに向いているかをアピールするにあたり、自分の長所・短所が明確になっていないとその主張ができません。逆に企業側は、長所・短所の記載内容から、応募者が自身のキャラクター分析ができているかどうか、そして、そのキャラクターが業務上望ましいキャラクターとマッチングしているかどうかを確認します。

まず長所ですが、文字にして、自分のことをほめたり、高く評価することに抵抗感（恥ずかしさ）を感じる人が多いと思います。しかし、ESは自分を高く売る場ですから、あなたがそう思うなら、臆面（気おくれ）もなく、はっきりと堂々と書くことがポイントです。難しいのは短所です。短所自体はすぐ思い浮かぶと思いますが、あまりにもキツい表現にしてしまうと、それだけで「適性なし」という判断をされる可能性がありますので、マイルドな表現にアレンジする必要が出てきます。そして、それをどのように克服しようとしているかをあわせて述べるのがコツです。例えば、自分の短所は「人の話を聞かないところ」としてしまうと、グループ活動ができない人と捉えられ、それだけで×（NG、不採用）になる恐れがあります。ここでは表現を変えて、「自分の意見にこだわってしまうところ」として、「それを克服するために、まず他人の意見や話を聞いて、それを理解してから、自分の意見を言うようにしています。」というフォローの文面を入れるようにします。

誰でも長所・短所は複数ありますので、なるべく数多く抽出しておきましょう。というのも、受ける企業に求められるキャラクターに応じて、アピールする長所・短所を取捨選択したいからです。しかし、自己分析を始めるとわかってくると思いますが、特に自分の長所は意外にわからないものです。そこでおススメなのは、知人・友人に聞いてみることです。日常生活のなかでなんとなく聞いてもよいのですが、できれば複数の人（3～4人）と、ディスカッション形式でお互いの長所・短所を指摘し合う機会を設けて欲しいと思います。これをやることで、自分の気づかなかったキャラクターを発見できますし、そのキャラクターを発揮している瞬間がどのようなときであるかを第三者の視点から指摘してもらうことで、後述の自己ＰＲにおいてエピソードを記述する際に重要な情報になります。

5 自己PR

自己PRは、あなたが、この業界における、この企業の、この職種で仕事をすることがいかに向いているかをアピールする場です。ここでアピールする内容は自分のキャラクターでも、これまでの様々な経験から獲得したスキルでもよいのですが、それらに説得力をもたせられる具体的なエピソードを記載することが望まれます。

構成としては、以下のようになります。

①この仕事には、こういうキャラクターやスキルが必要である。
②私はこういうキャラクターやスキルをもっている。それを裏づけるエピソードは○○である。
③よって、私はこの企業でこの仕事をすることに向いている。

特に②では、具体的なエピソードを示すことで説得力が増します。スペースや字数制限の関係でエピソードの詳細が書き切れない場合もありますが、面接においては、深掘りされるポイントですので、必ず用意をしておいて下さい。逆に相手（面接官）がそのことに聞きたくなるような文面にして、面接時にそれを聞いてもらうことで、自分のペースで面接を進めることが可能になります。自分語りが一番リラックスして話すことができるので、採用担当者もありのままのあなたを知ることができます。

6 「学生時代に力を入れたこと」には何を書けばよいのか？

大学はもともと、高度な学力や専門性を習得する「学び・研究の場」ですが、高校までと違って、学部・学科にもよりますが、毎日登校することを要求されないため、自分の意志次第で学業以外にも様々な活動が可能です。学内外での活動を通じて、社会性を養い、社会人となる素養を身につける場となっています。

ESにおいて、「学生時代に力を入れたこと」（「ガクチカ」）について問う項目があります。学業・学業外を問わず、大学生活という比較的時間に恵まれた期間に、どのようなことに力を注ぎ、どのようなスキルを獲得したかを確認するのと同時に、今のあなたの姿を知るための項目ですので、採用にあたっては極めて重要視されます。

大学生活は自由な時間があり、様々なことにチャレンジできる一方で、怠けることも、遊びほうけることも可能です。ガクチカを考える上で、後者だった人は書くことがないと悩んでいるかもしれません。ガクチカでは学業とそれ以外に分けて記述することが求められることが多いようです。

（1）学業で力を入れたこと、研究テーマは、どのように書けばよいのか？

2013年時点では、就職活動は基本的に3年生の12月からスタートしますが（2016年採用より3年生の3月スタートになる見込みです）、ゼミや研究室に所属して専門的な研究（卒業研究等）を行う時期というのは、多くの場合4年生になってからです。大学や学部によっては3年生の時点で専門性の高い活動を行っている場合もありますが、ほとんどの人が3年生のうちは、はっきりとしたテーマがいえないものと思われます。しかし、少なくとも3年生になれば、専門性の高い演習や輪講、ゼミ活動を行っているはずです。4年生になる前の時点では、これらの活動を振り返り、①活動の背景（なぜ、そういう活動をするのか）、②取り組み内容、③そのなかで自分が努力したこと、④得られた成果という構成で記述してみましょう。①がよくわからない場合はシラバスを確認するか教員に聞いてみましょう。

もちろん正規のカリキュラムとは別に、自主的に学業系のサークル活動、ゼミ・研究室活動を行っていれば、それをテーマにすることができます。その場合においても、前述の構成に沿ってまとめて下さい。

資格取得に向けた勉強もよい題材です。目指す業界で必要とされる資格であれば、その業界への本気度をアピールすることができます。その資格が取得できていれば、その成功体験のプロセスをまとめればよいので書きやすいでしょう。資格取得までは至っていなくても、どのような努力をしていて、いつまでに取るという目標を示すことで姿勢を見せることができます。ただ、資格をテーマにするのであれば、ある程度レベルの高いもの（最低3カ月程度の勉強時間を必要とされるもの）にすべきでしょう。

4年生になれば、卒業研究のテーマが決まりますので、それに沿った形でまとめましょう。問題なのは、ゼミや卒業研究がもともとない（あるいは選択していない）上に、自主的な活動もしていない場合です。この場合、なんらかの科目についてピックアップして3年生のときと同様の対応をすることになります。ただこうなってしまうと、4年生の夏以降の就職活動においてはアピール力がとても弱くなってしまいます。就職活動のために学業に取り組むのは本末転倒ですが、社会人になった先で活躍するためには、結局勉強が必要なのですから、学生であるという原点に立ち戻って、なにか一つでもよいので学業において力を入れた活動を行って下さい。

(2) 学業以外で力を入れたことは、どのように書けばよいのか？

ＥＳ作成が本格化するのは3年生の秋学期の後半（年明け）から4年生の春学期にかけてです。この時期はまだ、学業で本格的な研究を始めていない人の方が多いので、学業以外で力を入れたことの方が書きやすい人が多いと思います。

大学生活では時間に余裕があるので、学業より学業以外の活動時間の方が長いという人の方が多いことでしょう。企業側もその辺の事情はよくわかっていますので、指定されていないかぎり、学業外の活動をテーマにしても問題ありません。

一方で、学業外での活動内容は人それぞれであり、極めて多様です。取り組んだ内容をわかりやすく伝える必要があるのと同時に、その質や取り組み姿勢についても深く問われることになります。

テーマとしては、①部活動、サークル活動、ボランティア活動、趣味、②アルバイトが一般的でしょう。ここでは、それぞれについて、まとめ方を説明します。

① 部活動、サークル活動、ボランティア活動、趣味

これらの活動では、活動内容がはっきりしているので、テーマ設定は容易であろうと思います。団体の活動内容を示すとともに、自分がどのような立場でどのような活動をしたのかを明確にします。そして、その立場でその活動を行う上で、どのような苦労・困難があり、それらをどのようにして乗り越えたのか、どのような成果が得られたかを記述するのがポイントです。なぜかというと、仕事では様々な苦労・困難があり、それらを必ず乗り越えないとなりませんので、それができる人間であることをアピールする必要があるからです。

立場・役割を明確にすることも重要です。全員が部長やリーダーになるわけではありません。チームのなかでは様々な役割が必要であり、自分の役目を知り、チームのためにどれほど貢献できたかという視点で自分の活動をまとめることが求められます。

個人競技、作品制作、趣味など、個人のアウトプットが重要な活動をテーマにする場合は、どのような困難に直面し、どのような努力をしてそれを乗り越え、どのような結果を出したかという点を強調することになります。

成果については、大会などでよい成績を収めている場合はよいのですが、そうではない場合には、活動によって自分あるいは他人がいかに成長したか、どのようなスキルを習得するに至ったかという点を中心にアピールするとよいでしょう。また、組織運営のようなマネジメントの成功体験や失敗体験とそこから得られた知見をテーマにしてもよいでしょう。

②アルバイト

アルバイトに一番時間を使った人も多いでしょう。自分が目指す業界でのアルバイト経験であれば、そこで得られた知見やスキルをアピールするとよいと思います。そうでない場合は、前の①同様、業務内容、自分の立場・役割を明確にし、どのような苦労・困難があり、それらをどのようにして乗り越えたのか、どのような成果が得られたかを記述することになります。

成果については、例えば、自分が実践した活動により売り上げや顧客増加に貢献したなど、具体的な効果をアピールしてもよいですし、それが難しければ自分の人間としての成長について述べるとよいでしょう。

「人に聞かせるほどのことはしていない」と思う人もいるかもしれませんが、業務をこなすために必ずなんらかの工夫をしているはずです。どんな小さな工夫でもよいので、それを明確にし、なぜそれをやらなければならなかったのか、ということを具体的にすることで、自分が問題を乗り越えるためにいろいろな努力をしていて、結果として業務を遂行していることに気づくことができると思います。そういう因果関係を明確にすることで、自分がアピールしたいことが見えてくるはずです。

それでは、あなたの過去と現在を見つめ直して、巻末の**資料3「自分の履歴について」**を完成させてから、**資料4「エントリーシート（ES）作成の練習」**にチャレンジして下さい！

6章 筆記試験

［6章を楽しむコツ］

知らないことを学ぶよいチャンスです。好奇心をもって楽しみながら準備しましょう！

1 なぜ、筆記試験を行うのか？

多くの企業の採用試験では、筆記試験が実施されています。筆記試験は、学生の知識や論理的な思考などを評価するために行います。簡単な数学の問題や、文章の読解や漢字などの問題が出題されることが多いようです。社会常識について問う場合も少なくありません。

筆記試験は、会場に学生を集めて行う必要がありますので、企業側としても、会場の手配、試験問題の作成、配布、試験監督の手配などの手間がかかります。そこで、最近ではＷｅｂを利用したテスト（Ｗｅｂテスト）が行われるケースもあります。

(1) 筆記試験の目的

筆記試験は、なぜ行われるのでしょうか。限られた時間内で行う面接だけではわからない学力を把握すること、大学の教育水準がまちまちなので統一の尺度で評価したい、業務への適性を把握したい、などの理由が考えられます。こうした目的の場合には、筆記試験と面接試験が同時に行われると思います。

しかし、筆記試験を通過しないと面接試験に進めない場合があります。この場合の筆記試験の目的は、応募者が多く、すべての学生と面接することが物理的に困難なため、面接が可能な人数まで学生を絞り込むことが目的だと考えられます。また、Ｗｅｂサイトから簡単にエントリーができるので申し込んだという熱意が低い学生をふるい落として、本当に入社意欲のある学生とだけ面接するために行うことも目的になっていると思います。

(2) 筆記試験への対応策

筆記試験への対応策としては、市販されている筆記試験（例えばＳＰＩ）の問題集を購入して勉強したり、日ごろから社会問題に関心をもって新聞やニュースなどを見たり、時事問題に関する参考書などを活用して勉強しておくなどの対応をしておくとよいと思います。ある学生は、日ごろからＳＰＩの勉強にかなり力を入れて筆記試験に取り組んだこともあり、無事に内定をもらうことができました。

筆記試験は、その場で回答しなければならず、エントリーシートのように、他者にチェックしてもらったり、推敲を繰り返したりして、よい内容にするといった時間的な余裕がありません。したがって、日ごろから、できれば1年くらい前から勉強をしておくと、あわてないで済むと思います。

(3) 筆記試験の種類

筆記試験には、様々な種類があります。言語能力や非言語能力を調べる試験、社会常識試験、適性試験、性格試験などがあります。例えば、SEを採用したい企業では、論理性があり、粘り強い性格の学生を求めると思います。性格試験で、「論理的な思考ができない」、「粘り強さに欠ける」といったような結果が出た場合には、採用を控えるかもしれません。

(4) 面接試験との関係

面接の前に筆記試験があり、時間的な余裕がある場合には、面接官は、試験結果を踏まえて面接をすると考えてよいと思います。ある人事コンサルタントから聞いた話では、適性試験や性格試験の結果を見ながら、学生の本質的な部分を知るための質問をするそうです。例えば、積極的な性格と、慎重な性格といった相反するような試験結果が現れたら、そのどちらが学生の真の姿なのかを知ろうと、エピソードなどを質問しながら、その学生がどのような性格なのかを確認しているそうです。

2 SPIとは何か?

SPIは、筆記試験の一つの方法です。マークシート方式で行われる試験で、受験者の適正を見るためのものです。採用試験でよく利用されていますので、就職活動では、これに対応することが必須だといえます。

(1) SPIの種類

ＳＰＩは、下の図のように分類できます。ＳＰＩの種類に応じた勉強が必要ですし、採用試験でどの種類のＳＰＩが行われるのか、事前に調べておくことが大切です。

性格適性検査では、内向的な性格か、外向的な性格かといった学生の性格を調べるものです。また能力適性検査は、言語能力と非言語能力の検査に分けられます。言語能力の検査では、国語に関する基礎力を検査します。また非言語能力の検査では、数学などに関する基礎力を検査します。

(2) SPI対策

ＳＰＩで一定水準以上の評価を得られなければ、採用試験の次のステップ、つまり面接試験に進むことができません。したがって、ＳＰＩの勉強は、就職活動では必須の要件です。ＳＰＩ対策は、Ｓ

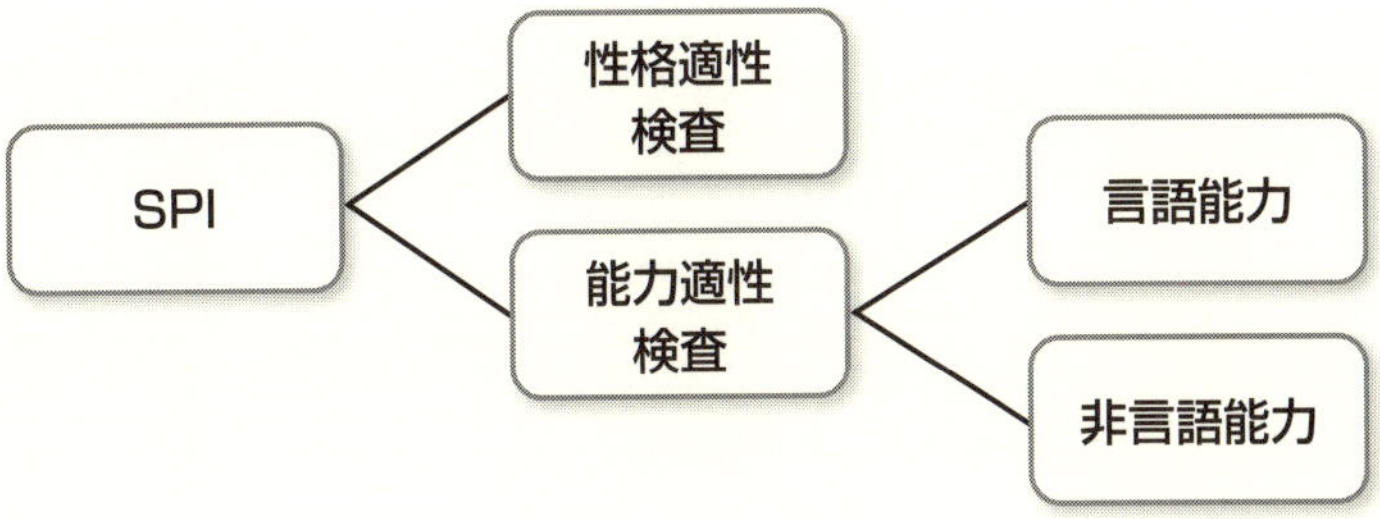

ＰＩに関する参考書や問題集を購入して勉強するしかありません。ある学生は、ＳＰＩの問題集を徹底的に勉強して、かなり高得点を獲得したこともあり、内定をもらうことができました。

（３）SPI対応のコツ

ＳＰＩで出題される問題は、基礎的なものばかりです。一定時間内で回答しなければならない、いわば「クイズ」のようなものです。こうした勉強は、問題を何回も解いて試験に慣れておくことがポイントです。大学の授業やゼミなどの研究活動の合間に時間をつくり、毎日勉強することが大切です。通学時間を利用してもよいと思います。

（４）どのタイプのSPIが行われるか把握する

企業は、前述のすべてのタイプのＳＰＩを実施するわけではありません。企業によって求める人材が

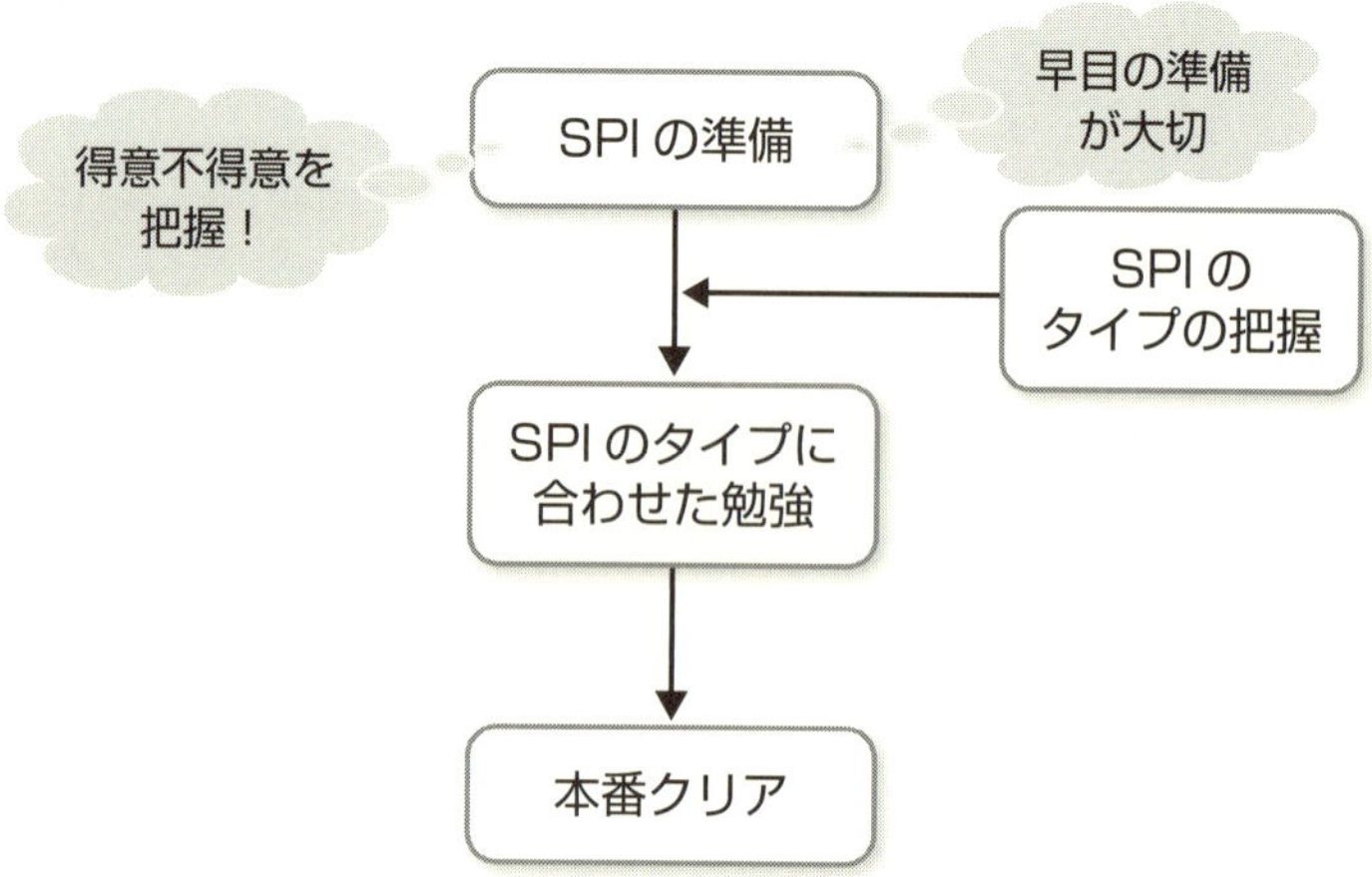

異なるからです。そこで、ＳＰＩの勉強をするときには、応募する企業でどのタイプのＳＰＩが実施されるのか、事前に把握しておくことが不可欠です。企業によっては、会社説明会などでＳＰＩについての説明がされることがありますので、注意して説明を聞くとよいと思います。また、先輩や就職支援室などからＳＰＩの情報を収集しておくのもよい方法です。

3 社会常識の学び方

社会常識は、どのように学べばよいのでしょうか。就職活動の時期が近くなると、新聞を読む学生が急に増えます。新聞を読むようになることは大変よいことなのですが、できればもう少し早い段階で読むようにした方がよいと思います。日ごろから、社会の動きに関心をもっていないと、就職活動だからと急に新聞を読み始めても浅い知識になってしまいます。

(1) 何から始めるか？

まず、新聞を読んでみるとよいでしょう。最近は、新聞を購読しない家庭（ネットで新聞を読む家庭）もあります。一人暮らしをしている学生の場合には、生活費を節約するために新聞の定期購読をしていないこともあると思います。

そのような場合、登校したら図書館に行き新聞を複数紙読むことを習慣にするとよいと思います。また、インターネットでニュース（国際、政治、経済）を毎日読む習慣をつけることから始めるのもよいでしょう。

(2) どのようなニュースを読めばよいのか?

一般的な国際情勢や政治経済に関する情報を把握するようにしましょう。今、何が問題になっているのかを理解して下さい。次に、自分の関心のある業界に関する記事に注意を向けるとよいと思います。例えば、銀行や保険業界ではどのような動きがあるのか、製造業の経営状況はどうなのか、小売業ではどのような新商品が出ているのか、といったことに関心をもつとよいと思います。

(3) 保護者のアドバイスを受ける

就職活動は、今や家庭全体の問題になっています。子供が内定をもらえるかどうか、心配している保護者が多いと思います。一番身近な保護者に社会情勢を教えてもらうとよいと思います。企業では、今、何が問題になっているのか、どのような対応をしているのか、ということを質問してみるとよいでしょう。

(4) 経済誌も読もう

経済誌は数多く出版されています。もちろん、図書館にも常備されています。経済誌は、社会人、つまり企業の採用担当者が読んでいると思われる雑誌ですから、当然筆記試験や面接での質問のネタにされる可能性が高いと思います。採用担当者と同じような知識を身に付けておけば、筆記試験でもあわてないし、面接のときに質問されても困ることはないでしょう。

(5) 採用試験では、どのような質問がされるのか?

総理大臣の氏名や、首都、県庁所在地などについて、筆記試験や面接で質問されることがあります。当たり前のことを聞かれると、答えが浮かばなかったりすることもあります。基本的な事項は押さえておくとよいと思います。

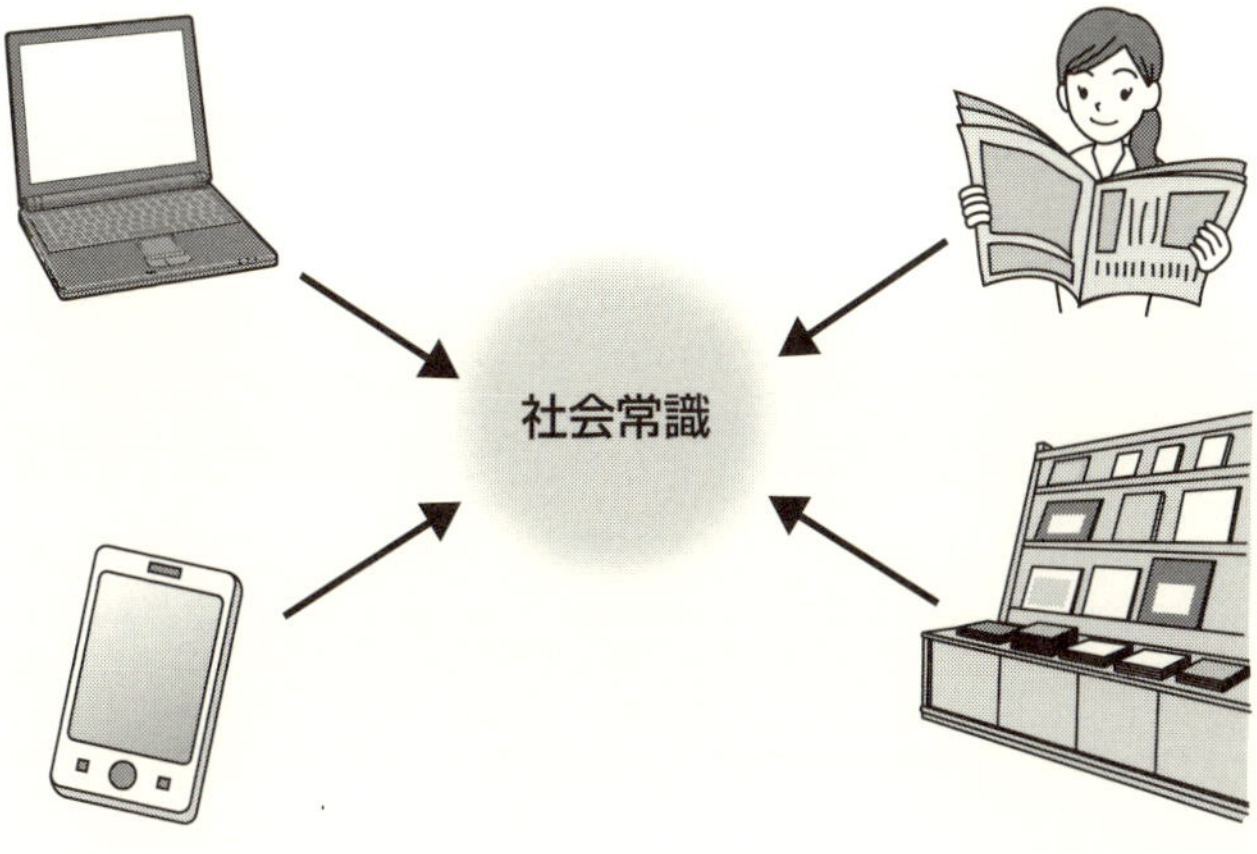

（6）社会常識を学ぶポイント

世の中の動きに興味をもつことが、社会常識を学ぶコツだと思います。知識が増えれば増えるほど、知ることが楽しくなります。皆さんも「知る楽しみ」を味わえるようにして下さい。友人と一緒に少し真面目な話をしてみるのもよいと思います。もちろん、先生と議論してもよいですね。

7章

【7章を楽しむコツ】

採用担当者を観察するとよい会社がわかります。採用担当者を逆面接すると楽しくなりますよ。

1 面接の目的は？

国内経済の成熟化に伴って、現在の採用人数は1980年代までに比べて少ない傾向にあります。また1980年代までは、国内で製品生産活動を行っていたため、生産現場で主に体を使う労働者（ブルーワーカー）の採用数が多かったという背景もあります。現在は、人件費の高騰に伴い、生産現場の海外移転が進行した結果、ブルーワーカーの採用が少なくなりました。また、高い付加価値を生むための知識集約型産業が国内の主流になった結果、採用人数が絞られてきたのと同時に、そのような業務の遂行のために高い能力をもった人材が求められるようになりました。ここでいう能力とは、スキルだけではなく、いわゆるコミュニケーション能力も含みます。

スキルについては、新入社員が入社時点で高い専門性をもっているかどうかについては基本的に問われませんが（もっていれば、もちろん有利ですが）、入社後の訓練によって、高度化した業務に対応するための専門性を習得し得る素養があるかどうかを企業側は見極めようとしています。特に理系分野では、この素養は一朝一夕では育てられませんので、学部・学科を指定することで、その手間を省くことになります。

また、業務の高度化に伴い、業務内容の細分化・専門化が進んできています。業務が一人で完結することはなく、昔と比べて一つの業務に関する関係者がより増える傾向にあり、関係者間での調整が不可欠であることから、コミュニケーション能力が重視されることになります。同時に、複雑化する関係者間の調整をより上の立場から取りまとめるマネジメント業務の重要性が高まっており、将来的にマネージャーになり得る素養をもっているかどうかについても重視されるようになってきています。

スキル、素養だけでなく、キャラクターなど多様な観点から総合的にその人を評価して、高い能力をもった人材であるかどうかを見極めるために、ESはもちろんのこと、筆記試験、適性検査などを行いますが、最終的にはその人を知るためには直接会って話をする、つまり面接は欠かすことはできません。

面接の最大の目的は学生を知ることですが、ほかにも重要な目的があります。それは、あなたがその企業の雰囲気（社風）になじめるか、さらには、あなたと一緒に働きたいか、部下にしたいか、という視点での評価です。あなたがとても優秀で、かつクールに仕事を進めるタイプだとします。志望する企業が、極端にいうと、いつも笑いと涙があふれるようなアツい職場であれば、あなたは居心地の悪い思いをして、最終的に辞めてしまうかもしれません。そういうミスマッチを防ぐことも面接での大事な目的です。また仕事でつながっているといえども、人と人の関係です。ウマが合いそうな新人を部下にしたいと思うのは当然のことなので、実際に話をすることで相性を見るという目的があります。

多くの応募者を抱えているような企業では、一人に対して無尽蔵に面接の時間をとることはできません。面接の回数は1回から7～8回と、企業によって様々ですが、通常2、3回で、1回あたりの時間も15分～1時間程度です。逆にいえば、それだけ短い時間で採用担当者はあなたを評価しますし、あなたはその短い時間で自分を伝えなければなりません。

1回目のわずか15分の集団面接で落とされることもあります。おそらく、自分が話した時間は5分にも満たないでしょう。「そんな短い時間でいったい私の何がわかるのだ」と腹立たしく思うことがあるかもしれません。もちろん短い時間の会話のなかでは、あなたのすべてはわかりませんが、少なくとも自社に向いているかどうかということは、最初の面接によっておおむね確認することができます（「どこを見ているのか」ということについては、3節で紹介します）。逆に、企業としても、短い時間しかとれないなかで、あなたが相手に自分を伝えようとする姿勢を見せなければ、判断の材料が少なくなり、より材料が多い学生から選択することになりますので、伝える努力は最大限にしておかなければなりません。

2 面接にはどのようなやり方があるのか？

時間的制約のあるなかで、多くの応募者のなかから、もっとも効率よくあなたのことを知ろうとするために、様々な形式の面接が行われます。そのなかでも代表的なものとして、個人面接、集団面接、グループワーク・グループディスカッションがあげられます。また、採用担当者や若手社員との懇談会というものも増えています。順を追って概要を説明します。

(1) 個人面接

学生が1名で企業側は1名ないし複数名で行う面接です。あなたのことを詳しく知りたいときに行われます。

(2) 集団面接

応募者が複数名(2~6名程度)で企業側は1名ないし複数名で行う面接です。初期の選考でよく行われています。人数を絞る目的で使われることが多いようです。

(3) グループワーク(GW)・グループディスカッション(GD)

応募者複数名(4~10名程度)がグループになり、与えられたテーマ・課題について全員で作業ないし議論を行って、その結果や内容について発表する形式です。グループ作業ができるか/向いているか、他人とコミュニケーションができるかを評価します。

（４）採用担当者や若手社員との懇談会

単に企業のことを知ってもらうために、ざっくばらんに応募者と懇談する場であるケースと、リラックスした雰囲気で雑談をすることで、本来のあなたのキャラクターを見るケースの二つがあります。

（５）面接のフローと面接方法

面接には、様々なケースがありますが、一例を次に説明します。

ＥＳや筆記試験などで人数を絞った後、さらに人数を絞り込むための1次選考として、ＧＤ／ＧＷや集団面接が用いられます。チークワークを重視する企業では、その適性を優先してみるためにＧＤ／ＧＷを先に行うことが多いようです。集団面接では、志望動機、自己ＰＲ、長所・短所、学生時代に頑張ったことなどの、全員に共通した質問が行われ、応募者は順番に答えていきます。

ＧＤ／ＧＷや集団面接を通過すると、次は個人面接です。個人面接の回数は企業によって様々ですが、2、3回が多いようです。集団面接より自分が話す時間が長く設定されますので、よりパーソナルな質疑が増えます。キャラクターや志望業務に関する掘り起こしが複数回行われます。それが終わると最終面接です。企業側からは社長や役員が出てくることがあります。これまでの面接での項目のおさらいや経営者ならではの質問があり、最後に入社の意思確認が行われます。

以上の流れは代表的なものですが、個人面接は最終面接だけであとは集団面接ということもありますし、面接自体を1回しか行わないケースもあります。

懇談会がある場合は、GD／GWや集団面接の後が多いようです。ある程度人数を絞った上で、キャラクター観察を行い、選考情報の一助としています。

3 面接では何を見るのか？

面接の目的は、皆さんのことを知ることです。ESにある文章や話した内容・話し方からだけでなく、表情や身のこなし、雰囲気などから能力やキャラクターを計り、適性を判断しようとします。それこそが面接を行う最大の意義でもあります。究極的に知りたいのは、自社の社員としての適性と志望の本気度です。それらを計るために面接でどのようなところを見ているのかについて、選考プロセスを追って紹介しましょう。

(1) 共通項目

面接のなかで、最低限の会話の作法を身につけているかを確認します。極端に声が小さい／

大きい、敬語・ていねい語が使えない、挑戦的・威圧的なトーンというのは望ましくありません。営業事務のように電話対応がメインになる職種では、声の質や雰囲気といった身体的な特徴も重視されます。身なりや服装も重要です。アパレル企業のように服装のセンス自体を問う場合もありますが、多くの企業では、いわゆるリクルートスーツ姿でよいと思います。またヘアスタイルが整っているか、シャツがよれていないか、靴が汚れていないかといった、常識的なことができているかどうかを確認します。

(2) グループワーク（GW）・グループディスカッション（GD）

企業での活動は、すべてグループ活動です。グループ活動ではメンバーの合意をとりながら、目的に向かって同じ方向に向かって進んでいくことが求められます。その適性を見るのが、GD／GWです。見ているポイントは、議論に参加しているか、全員の意見を尊重しつつ目的に向かって進んでいるか、メンバーとコミュニケーションをとっているかです。黙って座っているだけならば、いないのと一緒ですし、ひたすら自説を訴えるだけではメンバー全員が同じ方向に向かっているとはいえません。

(3) 集団面接

集団面接では、限られた時間で複数の人に同じ質問していきます。簡潔に話すことが求められますが、簡潔にしようとすればするほど、その企業や業務に対する理解度、熱意が浮き彫りになっていきます。話す内容以外では、第一印象がポイントです。まずは、（1）の共通項目で示した内容がクリアできているかを確認しましょう。

（4）個人面接

個人面接では、話す内容そのものは当然なのですが、全体として、業界・企業研究と自己分析が十分できていてそのマッチングがとれているかを確認します。また「ガクチカ」については、本当に自分でやったことなのかを受け答えのなかから確認します。

話す内容以外では、まず熱意が重要です。熱意というのは表情からわかるものだけでなく、どれくらい業界・企業研究と自己分析をしているか、という点も含まれます。本当にやりたい仕事なら十分研究しているのが当たり前だからです。その内容が正しいかどうかは大きな問題ではありません。その研究にどれくらい時間を使ったのかということを推測します。企業研究もそこそこに熱意だけを伝えてもダメなのです。

次に雰囲気です。もって生まれた気質・容姿が左右する部分ではありますが、社風や業務に求められる雰囲気とマッチしているかという点を雰囲気から総合判断します。今までの人生で自分が培ってきた雰囲気が、その企業が求める雰囲気とマッチしているかどうかを考えるのも企業研究の一部といえます。例えば、友達に冗談で「銀行員っぽい」といわれたとしたら、銀行を受ければ面接で有利になる可能性が高いのです。

最終面接では、熱意だけでなく本当に第一志望かという点を注意深く観察されます。本当は違うというそぶりは一切見せてはいけません。その日、その瞬間だけは本当に第一志望であると思い込み、第一希望であることを一点の曇りもなく伝えましょう。「ウソも方便ですよ」、採用担当者もこのことはわかっていますから、第一希望と伝えて下さい。第一志望といわない人に内定を出す企業は基本的にありません。

4 面接では何を質問されるのか？

面接ではあなたのことを知るための質問がなされます。ESを提出している場合は、基本的にそれに沿った形で質疑が進められます。代表的な質問としては、志望動機、自己PR、長所・短所、学生時代に力を入れたこと（ガクチカ）、キャリアプランなどがあげられます。逆にいえば、ESに記載された項目と内容は聞かれるものと考えておいて下さい。次に、これらの質問におけるポイントと他によく聞かれる質問について述べていきます。

(1) 志望動機

5章の3節でも述べましたが、「なぜこの業界なのか」、「そのなかでなぜウチなのか」ということが確認されます。質問されるポイントは、実現したい社会貢献、業界の志望理由、その企業の志望理由、職種の志望理由のいずれかになることが多いので、これらの関係性について整理できていれば、十分対応ができると思います。この関係が理解しにくいときには、その部分の追加の確認がなされますので、その場合には補足の説明をして下さい。一方で、この流れが見えないと、志望動機以前に、業界や業務に対する根本的な理解を問うテストのような質問が降ってきます。こういう状況に陥った場合は、相手はあなたの業界・企業研究の不足を疑っていることになり、厳しい展開になります。

(2) 自己PR

あなたが、この業界、この企業の、この職種で仕事をすることにいかに向いているかをエピソードを交えて訴えることになりますが、このエピソードについて詳しく聞かれます。自分からエピソードをいわないと、エピソードの披露を求められることが多いようです。またあなたの訴える強みが、やりたい仕事の適性とズレている場合は、その点を追求されます。これも苦しい展開となりますので、業界・企業研究と自己分析からマッチングを十分に確認して下さい。

(3) 長所・短所

自分の長所とやりたい業務との適性が、企業側から見てズレていると、自己PR同様に質問が入ります。ズレていない場合は、業務のどのような場面で自分の長所が活かせるかを問われます。短所については、それをどのように克服する努力をしているかが聞かれます。

(4) 学生時代に力を入れたこと

学業についてであれば、具体的な成果、得られた専門性、スキルなどが詳しく聞かれます。学業以外では、詳しい内容、成果とともに、組織内での自分の立場・役割と具体的な貢献内容を問われます。いずれの場合でも、その活動のなかでどのような苦労があって、どのような工夫・努力をしてそれを乗り越えたかについてさらに聞かれます。特に学業外の活動については深く聞かれ、アルバイトがテーマの場合は工夫・努力を重点的に問われるようです。また、それらの経験を通じて得られたスキルをどのように業務に活かすのか／活かせるのかについて尋ねられます。

(5) キャリアプラン

これは5年後および10年後にどのような立場で何をしたいかを問うものです。自分が目指す社会貢献に向けて、企業という器あるいは製品・サービスという道具を使って、どのように取り組んでいくつもりなのか、その構想を説明することになります。実際にはそのとおりに進まないことの方が多いのですが、どれくらい真剣に将来を見据えているかを確認すると同時に、就業意識やその業界・企業の理解度を、採用担当者は計っています。

またキャリアプランでは、企業側は学生の向上心を見ています。応募してきた学生は、今後どのように自分をスキルアップしていきたいと考えているのかを評価することになります。

(6) その他

時事問題（最近気になったニュース）、偽物化（自分を動物に例えると？）といった質問は事務系・金融系を中心に頻出されるようです。また業務態度に関する質問も最終面接を中心に問われます。例えば、「急な上司の飲み会と前から約束していた友人との飲み会ならどっちを選択する？」「こちらの落ち度がないのに顧客に怒られた場合、どのような対応をとる？」といったものです。正解はありません。あなたの信念にもとづいて答えるようにして下さい。

5 圧迫面接とは?

圧迫面接とは、面接官が首尾一貫して威圧的な態度で厳しい質問やコメントをし続ける面接のことです。ひたすら言いがかりをつけられたり、あなたの人格を全否定するようなことをいわれることもあります。圧迫面接の後は、本当に気が滅入りますし、怒りを覚えることもあります。ヒドい場合はそれが原因で就職活動を辞めてしまう人もいます。なぜ、そのようなことをするのでしょうか。面接官も好きでやっているわけではありません。意図があってやっているのです。

話は過去にさかのぼります。1970~80年代ぐらいまで、中学校・高校が荒れた時代がありました。荒れるというのは、思春期でメンタルが不安定な生徒たちが学校や先生に反発して学校内で暴れるという状態のことです。その対応として、善悪の判断は別として、怒鳴りつける、体罰をするという手段で押さえ込むことが日常化しました。時代の進行とともに、荒れるという現象は沈静化しました。それと並行して、体罰の是非が問われるようになり、1990年代以降は、学校教育現場から体罰は消えていくことになりました。その代わりに言葉で諭すという手段が主流となりました。この流れはさらなる変化を生み、叱責したり強い言葉でとがめるという指導方法はパワーハラスメントにあたるという解釈が主流になりました、その結果、教育現場では、強い言葉で諭すという手段も影を潜めるようになり現在に至っています。その結果、地域差はありますが、平成生まれの若者の多くは、怒鳴りつけられたり、叱責されたという経験が少ないといわれています。

現在、ビジネスの現場では、いわゆる昭和世代が主力です。さすがに体罰をすることはないはずですが、手段の是非はさておき、現実としては叱責するというのは、あらゆる業界で日常的に見られる光景です。社会人は、役割だけでなく、企業や部署を背負って業務を行っていますので、真剣になればなるほどミスや怠惰に対して厳しく対応することになります。このことは社内の同僚との関係だけでなく、顧客との関係でもいえることです。

このように、現在のビジネス現場の人と平成世代の若者との間には、叱責という手段の受容性に温度差（ギャップ）があります。一方で、怒号が飛び交うのが当たり前の業界、業種もあります。叱責するたびに黙り込んでしまったり、メンタル的にキツからといって企業を辞めてしまう人材では戦力になりません。そこで圧迫面接という手法が生まれました。その目的は威圧的な面接をすることで、叱責やプレッシャーに対する耐性を計ることです。圧迫面接はテストですので、威圧的な質問やコメントに妥当性はありません。ここまで理不尽な状況というのは通常ありませんが、そういう過酷な状況になったとき、あなたがどのような対応をとるのかを観察しています。

対処方法は決まっています。一つ目は絶対に黙らないことです。どんなに支離滅裂な回答になろうとも、必ずボールを投げ返すことです。二つ目は絶対に謝らないこと。あなたに落ち度はないのです。もしビジネスの現場であなたに落ち度がないのに顧客の叱責に対して謝罪してしまうと、あなたが取れない責任を取らなければいけなくなってしまいます。三つ目は絶対に「逆ギレ」しないことです。ビジネスの現場では状況によってはあり得る対処方法ですが、少なくとも面接ではダメです。これはテストであるということを常に思い出し、努めて冷静に対処することを心がけて下さい。

体育会系の学生は就職に強いといわれています。体育会系の部活では、厳しい練習に耐えた経験をもっている、上下関係の厳しさや理不尽さに慣れている、顧問から叱責された経験が豊富であるという点から、少々つらいことがあっても辞めないだろうという期待があるからです。彼らと伍する（肩を並べる）ためにも、圧迫面接に出くわしたら、これはゲームであると心を落ちつけて戦う心の強さをもって下さい。

6 面接でよい企業かどうかがわかる

面接は結局のところ、プレゼンテーションです。皆さんも大学の講義、演習等を通じて、レジュメを配布し、決められた時間内で成果発表をした経験があると思います。集団面接は、まさにこのイメージです。短い時間に要点だけを押さえてわかりやすく伝えることが求められます。

一方、個人面接は、会議に近いイメージです。会議では、議題があり、それに対応した資料が配布され、議題に沿って説明をします。そして、その内容について質疑を行い、確認を行うと同時に内容を深めていきます。個人面接も同様です。ＥＳという資料があり、それについてあなたが説明をして、その内容について質疑を行い、あなたという人間を確認し、理解を深めます。

いずれにしても、ＥＳや履歴書といった資料をもとに、それに沿って説明していくことになります。実際の面接の場に立つと、これがいかに難しいかを痛感することになります。面接はやり直しがききません。成功に近づくための対策方法を次に紹介します。

（1）話す内容を文章にする

短時間のプレゼンはよほど慣れた人か、そのテーマでの発表経験が豊富な人でないと即興（アドリブ）は困難です。もれなく主張するためには、まず原稿を作成するべきです。また、会議を円滑に進めるためには説明の一つひとつを簡潔にする必要があり、また想定問答集を用意するのが普通です。集団にしろ個人にしろ、面接に臨むにあたって、話すことが想定されるテーマと、それに対する質問の返答については原稿をつくっておいて下さい。文章にすることで、自分の主張のあやふやさやロジックの問題点が明らかになります。心でつぶやいているだけではそれらは見えてきません。そして、その原稿は、就職支援担当者や指導教員にチェックしてもらい、自分では気づかない問題を確認・改善していきましょう。

ＥＳを提出している場合、その内容を大幅に変更する、全く違うテーマを使うというのは御法度です。あくまでもそのＥＳの内容で選考を通過しているのですから、それに沿った内容でなければ、その不一致を追求されるだけの場になってしまいます。

(2) 音読をする

原稿ができたら音読を繰り返しましょう。音読をしてみると、違和感を感じるとか、相手に伝わりそうにないとか、何かが足りない／多すぎるということに気づきます。それを繰り返して原稿をブラッシュアップしていきます。原稿が固まってきたら、強調したい用語やフレーズをマーキングし、抑揚や間の開け方、話すスピードなどを工夫して練習を重ねて下さい。音読練習で大切なのは、何をどの順番で話すか、何を強調するのかを意識して実際に口に出してみることです。毎回言い回しが多少変わっても構いません。口になじむ言い回しを使えばよいのです。注意して欲しいのは、音読は暗記ではないということです。暗記に頼ってしまうと、本番で助詞一つが抜けただけで頭が真っ白になってしまう可能性が高くなります。また、暗記の場合は抑揚がなく棒読みになりがちで、とても聞きづらいのです。皆さんは台本を手にした役者です。台詞《せりふ》はそのシーンにふさわしい表情と言い回しで話すことが求められます。

音読練習は鏡に向かってやってみましょう。そして、自分の表情を確かめて下さい。ものすごく抵抗があるかもしれませんが、自分が相手からどう映っているのかを確認することはとても重要です。できれば、その姿をビデオにとって確認するくらいまでやってほしいところです。

(3) リハーサルをする

音読が十分できたら、友達や大学の就職支援担当者を相手に聞いてもらうとよいでしょう。第三者から見て、あなたがどう見えるかについてフィードバックをしてもらうのはとても役に立ちます。

面接練習は大変な手間がかかりますが、そこまでやって、はじめて本番では、ちょっと噛んだけれどなんとか話しきれた、というレベルになります。話すのが得意だと思っている人も必ず実践して下さい。

7 集団面接、グループワークの受け方

企業での活動はグループ活動です。企業ないし所属するセクション（部署）が結果を出すという目的の下、あなたが最大のパフォーマンスを発揮することが求められます。その資質をチェックするのがグループワーク（GW）・グループディスカッション（GD）の目的です。グループで結果を出すために求められる資質は、次の三つです。

①他人と会話ができる、グループ作業ができる
②結論を導き出そうとする推進力がある
③幅広い視野をもって判断ができる

①は、企業人としては最低限のスキルです。黙々と一人で作業をする仕事を望む人もいるかもしれませんが、職業選択の幅が狭くなってしまいます。流暢に話す必要はありません。人の話に耳を傾け、自分の意見を口にするように努力をして下さい。

グループとしては結果を出すことが求められます。GW／GDでは、結論にたどり着いているかを評価すると同時に、そのプロセスで、各人の結論に近づこうとしている姿勢が評価

されます（②の資質）。一方で、結論は全員の合意を得ていることが求められます。結論を急ぐあまり、根拠もなく他人の意見を切り捨てて自分の意見を押し通そうとする人は全く評価されませんし、そういう流れで結論が出た場合、他のメンバーも結果としてそのやり方を認めたことになりますので、全員が落選ということになります。司会役になった人は、むしろ自分の意見は控え、全員の意見を引き出す役に徹する方がよいでしょう。

ＧＷ／ＧＤでは、条件がほとんど与えられないテーマを示されることがしばしばあります。議論の方向としてはあらゆる可能性があります。限られた時間のなかで、様々な視点から検討すべき条件を抽出し、それらに優先順位ないし制約を設定して、議論の軸を決めていくことが求められます（③の資質）。一番まずいのは、議論の軸が定まらないまま、各人が独自の視点で意見を述べた結果、議論が発散し、結論にたどり着かないことです。検討する上での視点は多様であるべきですが、前提条件・制約条件を設定して議論の軸を絞り込んでいく必要があります。

例えば、「漁船で漁に出たところ、嵐に遭い、遭難して、無人島に漂着しました。このあとどうすればよいか、議論して結論を発表して下さい」というテーマが与えられたとします。皆さんはどのような島をイメージしたでしょうか。南国のそれほど大きくはなく、ヤシの木が生えている島で、季節は夏というイメージをもつ人が多いようです。一方で、冬のシベリア方面で遭難したことをイメージする人もいます。夏の南の島と冬の北方の島では、その後の戦略が全く変わります。まず、お題に対する全員のイメージを披露し合って、その違いから検討すべき条件を抽出し、何らかの設定を行います（前提条件の設定）。このテーマでは、季節、地域、島の大きさ、植生、生き残った人数などが考えられます。

次に獲得目標を設定します。南方の大きな島であれば、そこで暮らすという選択肢もありますが、冬の北方の島であれば、脱出を考えるのが普通です。ここはメンバー全員の意見を集約してあらゆる可能性を検討していくことになります。

最後に、その目標達成に向けて何をすべきかを議論します。暮らすためには、脱出するためには何をすればいいのか、メンバーで知恵を出し合って具体的なプランをつくります。以上の流れに沿って議論を進め、発表の際には「前提条件」「獲得目標」「目標達成に向けたアクションプラン」の順でプレゼンできれば合格です。

GW／GDでは見ず知らずの学生とその場でチームを組み、課題に取り組むことになります。初期の段階でメンバーの特長を把握し、リーダー格がいないようでしたら自分でやる、いるようならサポート役に、元気がよすぎて発散しがちなグループなら、冷静に議論の流れをコントロールするお目付役というように、自分がどの役回りで貢献すれば、グループとして結論にたどり着けるようになるかを判断して下さい。

8章

服装とメール

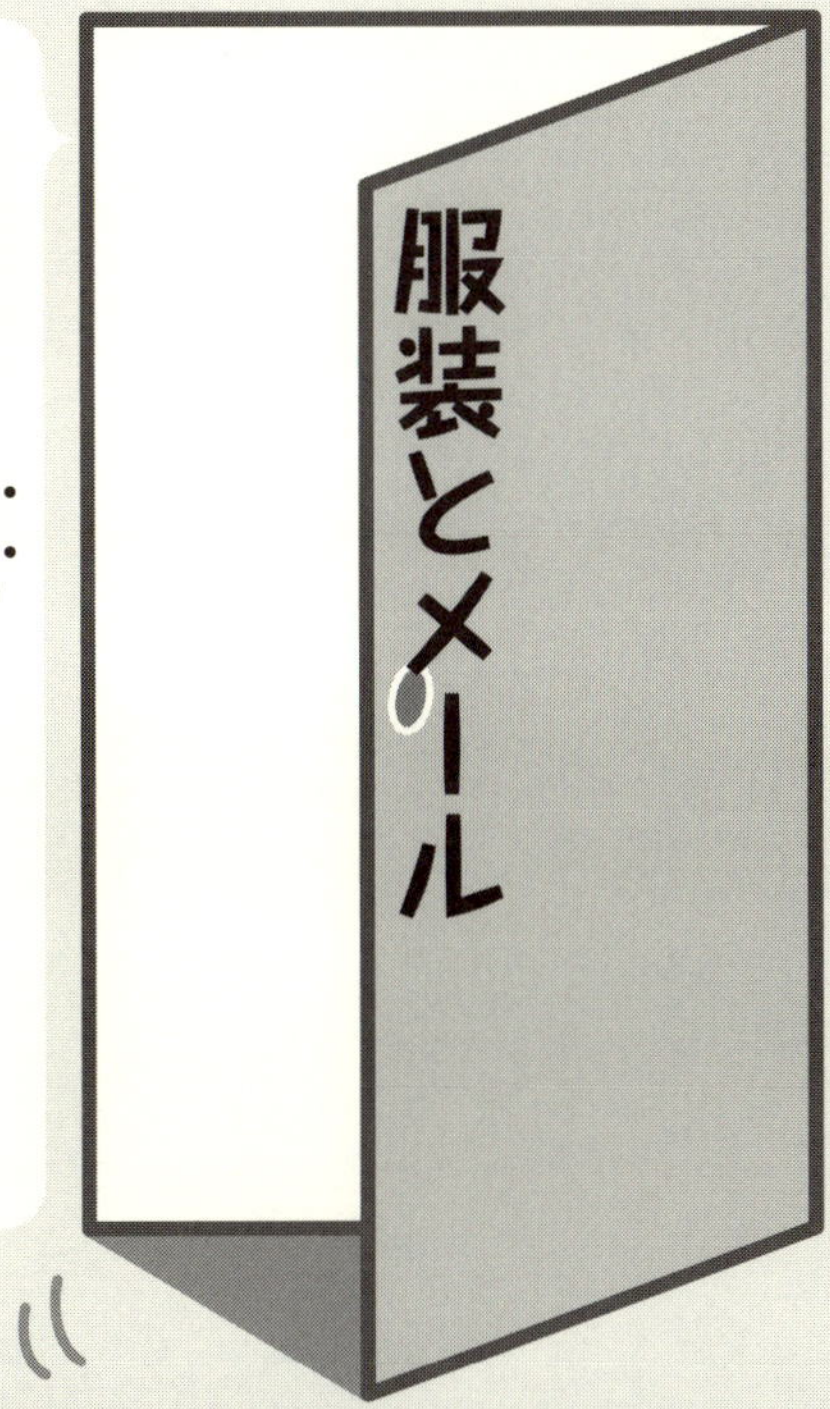

【8章を楽しむコツ】

社会人のマナーを楽しく学びましょう!
社会に出てからも役に立ちますよ。

1 リクルートスーツの意味

(1) リクルートスーツとは?

「リクルートスーツ」という言葉は昔からあったわけではありません。ビジネスシーンにおいて着用されるスーツのうち、就職活動をする学生が着たときに「初々しさ」が際立つような、シンプルなスーツをそう呼び、スーツ業界がマーケティングに使うようになって広まったのです。ですから、すでにビジネススーツをもっている人は、わざわざリクルートスーツを買い直す必要はありません。清潔感のある、落ち着いた服装であれば、ストライプだろうと、明るい色のスーツだろうと、あなたの真剣さは伝わります。

ただ、やはり学生時代にはスーツを着る機会が少なく、就職活動のために新調するという人の方が多いのではないでしょうか。その場合には、リクルートスーツとして提案されているものを一式購入するのが手堅い方法です。

(2) リクルートスーツの選び方

スーツを購入する際には、販売員と相談しながら、色調やデザインがあなたに合うものを選びましょう。スーツと一言でいっても、ボタンの数や襟の形、シルエットや生地の素材など、実に様々な種類があり、普段着と同様に、自分が気に入るスーツと自分に似合うスーツとは違うことが多いと思います。

また、サイズの合ったスーツを選びましょう。肩幅だけでなく、Vゾーンや袖丈、着丈など、サイズを選ぶポイントはいくつもあります。必ず試着し、販売員にもアドバイスを受けるとよいでしょう。「販売員と話すのが恥ずかしい」なんて思っているようではいけません。販売員とのコミュニケーションも就職活動の一環だと捉え、販売員の立ち居ふるまいを見て、社会人としての所作を学ぶとよいと思います。

目指す業界や企業によって好まれるスーツは異なりますので、会社訪問や卒業生訪問のときに、その企業の雰囲気も調べておくと後々役に立ちます。事業内容や業績を研究するだけでなく、社風が自分に合うかどうかを事前に調べることも、業界および企業研究の一つです。

(3) リクルートスーツは清潔に

リクルートスーツは購買層を学生と想定していますので、量産型の低価格商品が多く、着続けていると傷みが目立つようになります。2着以上用意し、毎日同じものを着ることのないようにしておくと長持ちします。袖口が汚れていたり、シワだらけになったりしたスーツはクリーニングに出すなどして、常に清潔にしておきましょう。

夏になると、汗で臭いが気になることもあります。体臭は自分では気づきにくいので要注意です。また、清潔感のあるすっきりとしたシルエットをキープするためにも、ポケットにものを入れすぎないようにしましょう。

リクルートスーツ＝没個性と捉える向きもありますが、誠実さ、清潔感をかもし出すにはうってつけです。「人と違ったスーツを着て、個性を出す」という人もいますが、逆効果の場合もあるのでおススメできません。それよりも、みんな同じスーツだからこそ内面の差が現れやすいのだと前向きに考えて、内面のアピールに力を入れましょう。

スーツは、就職活動が終わったらいらなくなるものではなく、社会人になってからもずっと着用するものです。オフィスではカジュアルな服装で仕事をしている企業でも、取引先の企業訪問や広報活動などではスーツを着るというところがほとんどです。また、クールビズやウォームビズも徐々に浸透してきましたが、初対面の相手や重要な相手と会う際には、やはりスーツであることが多いと思います。スーツは相手に敬意を表すときの服装だからです。

そのことを念頭において、独りよがりにならないスーツを選びましょう。

2 服装とマナー

長時間じっくり話ができれば、あなたのよさをわかってもらえるかもしれませんが、試験や面接は短時間なので第一印象が選考に影響しやすくなります。「中身で勝負なのだから外見なんてどうでもいい」などと思わずに、身だしなみには十分気をつかいましょう。

(1) 髪の色や髪型

髪は黒か控えめな茶色で、髪型は清潔感のあるスタイル。前髪が目にかかると表情が暗く見えてしまうので、すっきりとまとめましょう。

(2) シャツやブラウス

シャツやブラウスは白が基本ですが、主張しすぎない色合いなら薄いピンクやブルーでも大丈夫でしょう。メンズシャツは首回りと裄丈がかなり細かくサイズ分けされていますので、必ず店員に測ってもらいましょう。スーツがいくら素敵でも、サイズの合っていないシャツを着てしまうと台無しです。枚数は多めに用意し、洗濯、アイロンがけはこまめにしましょう。

(3) 小物類

バッグはA4のファイルが入る大きさで、ベーシックなものにしましょう。教室で机の上にバッグを置いている学生を見かけますが、訪問先で机の上に置くのはマナー違反です。床に置くことを考えると、自立するものが便利です。バッグを肩にかけるときは、スーツがシワにならないように注意しましょう。バッグが重すぎて肩パットがずり落ちそうになっていると、だらしなく見えてしまいます。また、人前では肩から下ろして手にもちましょう。

時計、ベルト、名刺入れなどの小物、男性はネクタイやソックス、女性はストッキングも、スーツに合うものを身につけて下さい。アクセサリーをつける場合は控えめなものにしましょう。足下も意外に見られています。靴が汚れていると印象が悪いので、いつもきれいにしておきましょう。

(4) 姿勢、立ち居ふるまい

よいスーツを着ていても姿勢が悪ければ台無しです。背筋をまっすぐ伸ばしましょう。

座ったときの姿勢も印象に残りやすいものです。電車の中で、膝を広げすぎている男性や、膝が緩んでいる女性をよく見かけます。面接の時だけ姿勢よく座るというのは難しく、時間とともにいつもの姿勢になっていきます。控え室で雑談をしているときや、グループディスカッションの終盤にふと気づいたら、だらしなく座っていたなんてことにならないためにも、普段から正しく座る練習をしておきましょう。女性は、スカートのときは気をつかうのに、パンツスーツのときには気が緩んでしまう人が多いので気をつけましょう。

コートは受付前で（会社に入る前に）脱ぐようにしましょう。また、どんなに暑くても、相手が上着を着用している場合は、脱がないで、じっと我慢です。

「普段着でお越し下さい」という案内をもらって、どんな服装で行ったらよいのか悩む人がいます。カジュアルすぎて浮いてしまう場合と、きっちりしすぎて浮いてしまう場合を考えると、後者の方が傷は浅いので、「スーツではこないで下さい」といわれないかぎりはスーツが無難です。一般的に、「普段着でお越し下さい」というのは、「気楽にきて下さい」と同義であり、普段着のファッションチェックをしよう、などという意図はないようです。

それでもアパレル業界などでは、「今日のファッションのこだわりは？」などと聞かれたりすることもあるようですから、業界研究や企業研究をもとにスーツではない方がよさそうだと判断した場合には、男性ならネクタイを外せる格好（ボタンダウンシャツなど）、女性ならジャケットを着用するとよいと思います。クールビズやウォームビズとして紹介されているファッションを参考にするのもよいでしょう。「普段着で」と書いてあるからといって、あまりにもカジュアルな格好（破れたジーンズやサンダル等）では行かないことです。

3 メールのマナー

最近の就職活動における連絡は、ほとんどメールで行われますが、日ごろ、友達や近しい人とのやりとりにメールを頻繁に利用しているからこそ、いざというときにマナーを忘れがちです。ゼミの担当教員に対して件名なしや名前なしの、2、3行の携帯メールを送っている人はいませんか。よい機会ですので、担当教員にはマナーを守ったビジネスメールを送るように心がけ、普段から慣れておきましょう。

就職活動中は特にお礼メールや問い合わせメールを出す機会が増えます。一斉メールの場合はともかく、個人宛に案内がきたり、会社説明会やOB・OG訪問などで特にお世話になったりした場合には、できるだけ早いタイミングでお礼のメールを出しましょう。

「ありがとうございました」や「会社説明会の件」などといった曖昧な件名はさけ、「○月○日会社訪問のお礼（○○大学、○○○○）」のように、文書の内容が一目でわかるようにしましょう。相手は忙しい社会人です。曖昧な件名では重要度や緊急度が低いと思われ、なかなか読んでもらえないこともあります。件名が名前だけだったのでスパムメールと間違えて削除してしまったという採用担当者の話を聞いたことがあります。その方は笑い話として話してくれたのですが、筆者はとても笑えませんでした。

送信先のアドレスが企業共通アドレスだったりすることがありますので、宛名には先方の社名、役職（部署）、氏名を書きます。その際、株式会社を（株）などと省略せず、必ず正式名を書きましょう。特に氏名の間違いは非常に失礼にあたりますので、送信前に必ず確認しましょう。

本文は簡潔に、読みやすいようにレイアウトにも気を配りましょう。

話し言葉が入っていたり、敬語が間違っていたりすると、非常に稚拙な印象を与えます。日ごろから正しい言葉づかいを心がけましょう。

ただし、敬語の間違いなどを気にするあまり、ハウツー本の例文丸写しでは、相手に誠意は伝わりません。相手の顔を思い浮かべながら、自分の言葉で心を込めて書きましょう。

メールの最後には署名を必ず入れるようにして下さい。氏名、学校名、住所、電話番号、携帯電話番号、メールアドレスの書かれた署名は、相手に「何かありましたら連絡を下さい」という意味でもあります。署名がなくてもクリック一つで「返信」できるからいいだろう、という考えが許されるのは、友人どうしだけです。

メールを送るときに常に心がけなければいけないのは相手の気持ちです。この文章を読んだら相手はどう思うか、失礼にあたらないか、読みやすいか、余計な手間をかけさせることにならないか、常に相手の視点で考えましょう。

忙しい時間を割いてわざわざあなたのメールを読んで下さる相手に感謝しながら書けば、

自然と簡潔な文章になると思います。意気込みなどを書きたい気持ちはわかりますが、長々と書けば、それだけ相手の時間を長々と奪うことになり、迷惑です。

メールの宛名をアドレス登録した場合、相手のメールに登録名が表示されてしまいますので、企業名は省略せず、担当者には必ず「様」をつけて登録しておきましょう。

最後に、とても大切なことですが、どんなにメールが便利であっても、重要な連絡はメールではなく、電話で行いましょう。

連絡はすべてメールでしてほしいという企業を除いて、多くの企業では、すぐに確認が必要な場合は電話で連絡するのがマナーです。遅刻や日程変更のお願い、内定辞退など、電話をかけるのが苦痛で後回しにしたくなる気持ちはわかりますが、そういった面倒で嫌な用件であればあるほど、早めに電話をすることが大切なのです。

9章

困ったときの対応

【9章を楽しむコツ】
皆さんのサポーターが大勢います。
仲間と一緒に就活に臨みましょう！

1 内定がもらえない

就職活動を続けていて、いわゆる「お祈りメール」（不採用のメール）が続くと、気持ちが萎えてきてしまいます。社会人でも仕事がうまくいかなかったり、ないことが続くと、やる気が出なくなるものです。

こうしたときの支えになるのが友人や家族であり、就職支援室や教員だと思います。学生によって、相談したり、愚痴をこぼしたりしやすい人は異なります。自分の話しやすい人を見つけておくことが大切だと思います。愚痴をこぼすだけでも、気持ちが少し楽になります。

それでは、内定がもらえないときには、どのような対応をすればよいのでしょうか。この場合には、次のようなステップで取り組むとよいと思います。

今までの活動を見直す

・ES、筆記試験、1次面接、2次面接、最終面接のどこで失敗しているか？
・筆記試験が難しかったのか？
・面接での質問に答えられなかったのか？

課題を見つける

・一般常識が不足している
・面接で緊張しすぎる
・質問に対してうまく答えられない
・事前準備不足（企業研究、面接練習など）

対応を変える

・ESや履歴書を大人にチェックしてもらう
・就職支援室に行って面接の練習をする
・応募する業界や企業（例：大企業→中小企業）を変えてみる

就職活動にかぎらず、何かの目的を達成しようと行動してもうまくいかない場合には、その原因を分析します。そして、その結果明らかになった課題を解決するための行動をとります。新しい行動がうまくいっているかどうかをチェックするということを、うまくいくまで繰り返して行えばよいのです。

例えば、ＥＳでつまずいている人は、ＥＳを社会人にチェックしてもらっていますか。就職支援室のアドバイザーにチェックしてもらっているでしょうか。ＥＳで落とされる人は、自分のいいたいことを伝えきれていない、採用担当者に与えるインパクトが弱い、といった原因があります。

次に、面接に臨んで、事前にＱ＆Ａを作成して、このような質問には、このように答える、答えた内容について、さらに突っ込んだ質問をされた場合には、このように答える、という準備をしておく必要があります。このような準備をしないで面接を受けて、落ちていませんか。面接で緊張しすぎて失敗してしまう人は、事前に練習を行っていたでしょうか。

グループ面接やグループワークがうまくいかない人は、事前の準備をしましたか。グループ面接の進め方を事前に予想したり、どのようなグループワークの課題が出るか事前に検討したりしていたでしょうか。

以上のような視点から見て、問題がない場合には、さらに悩んでしまいますよね。そのような場合には、応募している企業や業種と自分との相性を考えてみましょう。自分の適性は、自分ではわからないことが多々あるものです。なぜならば、自分の強みや弱みはキチンと分析して把握できていても、企業や業界の仕事についてはちゃんと把握できているわけではないからです。採用担当者は、自社の事業内容を把握した上で、自社が求める人材を探しています。その視点は、学生にはよくわかりません。

そこで、「応募している企業や業界を変更してみる」ということも大切になります。その際には、就職支援室（スタッフアドバイザー）、実務経験のある教員、先輩など、社会人に意見を求めて、自分の適性を客観的に評価してもらうことが大切だと思います。

2 複数の内定をもらったら、どうすればよいのか？

就職活動が解禁になると、内定（内々定）が出始めます。内定をもらう学生は、複数の企業から内定をもらうことが少なくありません。1社も内定をもらえない学生から見ると、うらやましいですよね。

内定を複数もらっても、実際に入社して仕事ができる企業は、1社だけです。そこで、内定を出してくれた企業に辞退の連絡をしなければならないわけです。

(1) 回答期限を確認する

内定をもらったときには、採用担当者から、「いつまでに決めて下さい」ということをいわれると思います。企業側では、その時点を過ぎても内定を受諾する意思がなければ、別の学生に内定を出したり、追加の採用試験を実施したりして、予定している採用数に達するようにします。学生から見ると、回答期限までは、考える猶予をもらったことになりますので、この期間を活用して自分の将来を改めて考えましょう。

なお、回答期限は、内定をもらった時期や回答までの期間が企業によって異なるので、日程管理をキチンと行うように注意して下さい。

(2) 企業を絞り込む

企業を1社に絞り込むためには、内定をもらった企業を比較することになります。自分のやりたい仕事（業種）なのか、企業の知名度は高いか、勤務地はどこか、給料や処遇はよいか、労働時間はどのくらいか、といったことを勘案して、企業を絞り込みます。

企業の絞り込みのときに悩むのが、第一希望の企業の採用結果が回答期限後に出る場合です。安定路線を歩むのか、内定を捨てて第一希望の企業から不採用の通知をもらうというリスクをとるのかという問題です。この場合の結論は、自分自身で出さなければなりません。保護者、就職支援室、先輩などに相談しながら、考えて下さい。

（3）連絡する

結論が出たら、早目に内定をもらった企業に受諾する旨を連絡するとともに、内定を辞退する企業にも連絡をして下さい。内定を辞退するときには、一言内定をもらったことについてお礼を述べることも忘れないようにしましょう。後で、問題が起きないように、誠実な対応をとることが大切です。

（4）回答期限を過ぎて辞退するとき

回答期限を過ぎてから、内定を辞退すると、先方に対して大変な迷惑をかけることになります。特に、内々定の時期を過ぎて、正式な内定をもらってから辞退する場合には、問題になる可能性があります。また来年以降の採用枠などで、学校や後輩に対して迷惑をかけてしまう場合もあります。

このような場合には、就職支援室などに十分に相談して対応するようにして下さい。「相手のことを考える」ということができない学生も少なくありません。自分の行動が問題になるということを考えた上で、対応を考えるとよいと思います。

大切なことは、回答期限後に悩むよりも、回答を出すまでに十分に自分の将来を考えることです。

3 内定の断り方

なかなか内定がもらえないで悩む学生がいる一方で、複数の企業から内定をもらう学生もいます。この場合には、最終的に1社に決めなければなりませんので、よい意味で悩むことになります。

内定先のどの企業に決めるかは、その後の自分のキャリア形成を十分に考えることが大切です。また内定先企業を多面的に比較検討して、自分に合った企業を選ぶ必要があります。

(1) 連絡は電話で行えばよい

内定先を1社に絞り込んだ後には、他の企業に対して内定の辞退を行わなければなりません。この場合には、「電話連絡をする」、「メールで伝える」、「相手先企業に出向いて断る」などの方法で辞退する旨を伝えることになります。

それでは、どの方法が最もよいのでしょうか、辞退の連絡をするときに注意すべきことは何でしょうか。筆者は、電話で行う方法がよいと考えます。メールでの辞退の場合、確認のための電話がかかってきたりすることもあり、採用担当者の手間などを考えると避けた方がよいと思います。内定を断りにくいので、メールで済ませてしまうのは、いかがなものかと思います。一方、企業に出向いて断ることは、通常行わなくてもよいと思います。企業に出向いて辞退を伝えたら辞退を撤回するように迫られたという話を聞いたことがあります。もろろん、内定承諾書を提出した後の辞退や、入社直前の辞退など特別な理由がある場合には、企業に出向いて断ることもあり得ると思いますが、保護者の方、就職支援室や教員などに相談して対応するとよいでしょう。

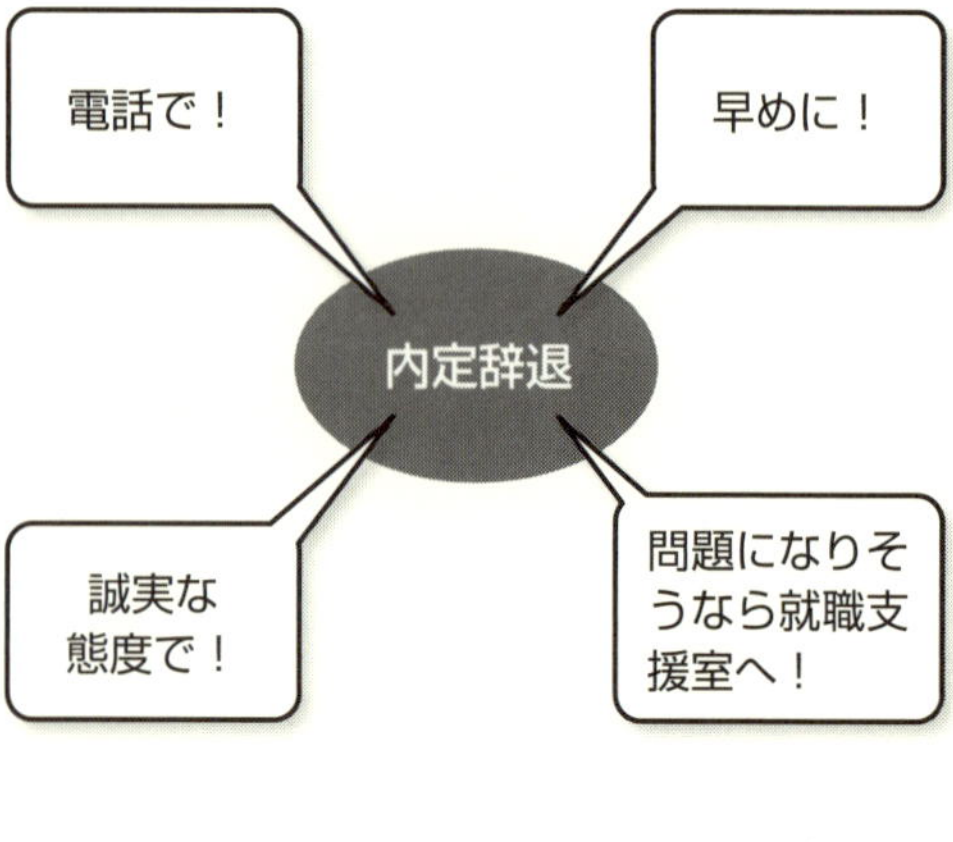

(2) 採用側から見た内定辞退

企業側は、内定辞退についてどのように捉えているのでしょうか。採用担当者は、当然のことながら、内定辞退者が出ることを予想しています。自社よりも条件の優れている企業から内定をもらえば、その学生はその企業の方を選ぶことになると考えているからです。

筆者は採用担当者と話をする機会がありますが、予定の採用数を確保できない企業も少なくありません。企業にとっても内定辞退は大きな問題になっています。

（3）辞退の連絡は早めに

内定の辞退の連絡は、早めに行うとよいと思います。採用担当者は、入社予定者の欠員が出れば、それを補充することを考えなければならないからです。ただし、第一希望の企業の結果がわかるまでは、辞退の連絡をぎりぎりまで待った方がよいですね。

（4）辞退の理由を答えるべきか？

特に問題がなければ、辞退の理由は正直に答えてよいと思います。プライバシー上の理由から話したくないケースもあると思いますが、特に問題がなければ、正直に話してもよいでしょう。ただし、具体的な企業名などは、はっきりいわなくても構わないと思います。誠実な態度で採用担当者に辞退の連絡をすることがポイントです。

4 推薦書とは何か？

内定をもらうと、大学の「推薦書」を求められることがあります。推薦書は、内定をもらった学生について大学が企業に対して推薦するという意味をもつ重要な書類です。

（1）推薦書のもらい方

推薦書の作成手続は、大学によって異なると思いますが、教員が発行することになると思います。具体的には、就職支援室経由で教員に依頼することになると思います。

（2）推薦書の内容

推薦書は、中学高校の内申書とは異なります。学生の詳細な評価を記載した文書ではなく、「当該学生を推薦します」という簡単な内容です。この推薦書とは別に、成績については、成績証明書などの提出が求められると思います。

（3）推薦書を出すと内定を辞退しにくい

推薦書は大学が公式に提出するものですから、推薦書を企業に提出すると、内定を辞退しづらくなります。もちろん、推薦書を提出した後に内定を辞退する場合には、大学と企業の信頼関係を損なうことになりますので、注意が必要です。

（4）推薦書の提出時期

推薦書が必要な場合には、企業から「いつまでに提出して下さい」ということをいわれます。それに合わせて準備すればよいと思います。注意しなければならないことは、提出期限までの余裕をみて、大学に作成を依頼することです。提出期限の間際になって推薦書の作成を大学に依頼しても、間に合わないことがあるからです。

(5) 推薦書は必ず提出するのか?

推薦書の提出は、必ず必要になるわけではありません。推薦書の提出を求める企業の方が少ないと思います。推薦書よりも、承諾書を求められることが多いようです。承諾書については、後で詳しく説明します。

(6) なぜ、推薦書が必要なのか?

企業の立場から、推薦書を考えてみると、その必要性がわかると思います。採用担当者は、内定者が辞退すると採用計画に影響を及ぼすことになるので、内定辞退者が発生しないように、何らかの歯止めの対策が必要になるのです。その一つの方法が、推薦書です。推薦書の提出を求めることによって、学生個人と企業の間の約束ではなく、大学を通じての学生と企業との約束になるので、辞退されるリスクが小さくなります。そこで、企業は推

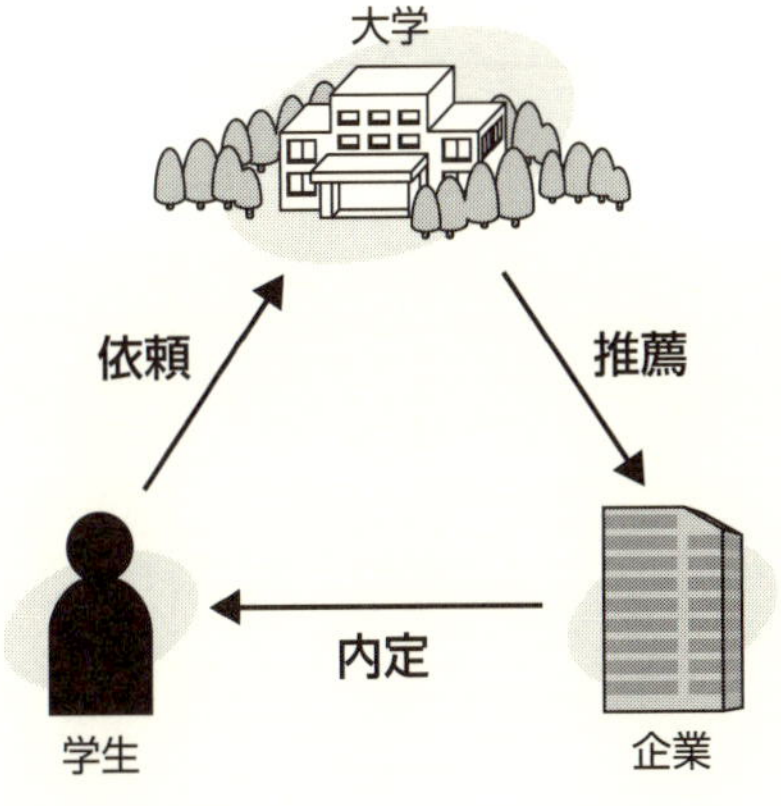

薦書の提出を学生に求めるのです。

5 承諾書とは何か？

内定をもらった学生から「企業に承諾書を提出した」とか、「企業から承諾書を提出するように求められた」といった話をよく耳にします。それでは、承諾書とはどのようなものでしょうか。推薦書とは何が異なるのでしょうか。

(1) 承諾書は単なる書類ではない！

承諾書とは、学生が企業に対して、内定を承諾するものであり、当該企業に入社することを承諾するものです。したがって、承諾書を企業に提出した後に、内定を辞退して他社に入社すると、企業との間で問題になる可能性があります。承諾書を提出する際には、こうしたことを十分に考えておくことが必要です。

(2) 承諾書の内容

承諾書の内容は、企業によって異なります。基本的には、内定をもらった企業に入社することを承諾する旨の文面が記載されています。企業で定められた書式があるので、それに必要事項を記入して提出することになります。学生が社会人になる第一歩ですので、そこにどのようなことが記載されているのか、記載された内容（あるいは文章）がどのような意味をもつのか、考えておくとよいでしょう。

（3）承諾書の提出時期

採用活動の時期によっても異なりますが、正式な内定をもらったときに承諾書を提出することが多いようです。企業によっては、これよりも早い時期に提出を求められることがあります。基本的には、企業からの連絡を待って対応すればよいのですが、必要に応じて企業に確認してもよいと思います。

（4）推薦書との違い

推薦書は、前述のように大学が企業に対して提出するものです。これに対して、承諾書は、学生が企業に対して提出するものです。大学が関与しているかどうかが、推薦書と承諾書の違いです。しかし、この違いが大きいのです。推薦書や承諾書を提出した後に、内定あるいは入社を辞退するという問題が発生したときに、大学に迷惑をかけるかどうかということが大きな違いですし、問題の大きさの度合いが異なります。承諾書は、学生と企業間の問題で済みますが、推薦書の場合には、学生と企業、それに大学が加わった問題に発展してしまうのです。

(5) 企業にとっての承諾書の意味

採用担当者から見ると、よい学生を集める、つまり内定者を決定するということが最初の重要な課題ですが、その次に、内定者が確実に自社に入社することが重要な問題になります。そこで、内定者が自社に入社することを確実にするために承諾書の提出を学生に求めるのです。企業にとって、学生の確保は重要な問題ですから、学生も企業側のことを考えることが大切です。また、ある大学の学生が承諾書提出後に入社を辞退するようなことになれば、翌年度以降、その大学の学生に内定を出さなくなるかもしれません。繰り返しになりますが、企業は、入社を辞退されて翌年度の採用者数の確保に支障が生じないようにしたいという事情に留意して下さい。

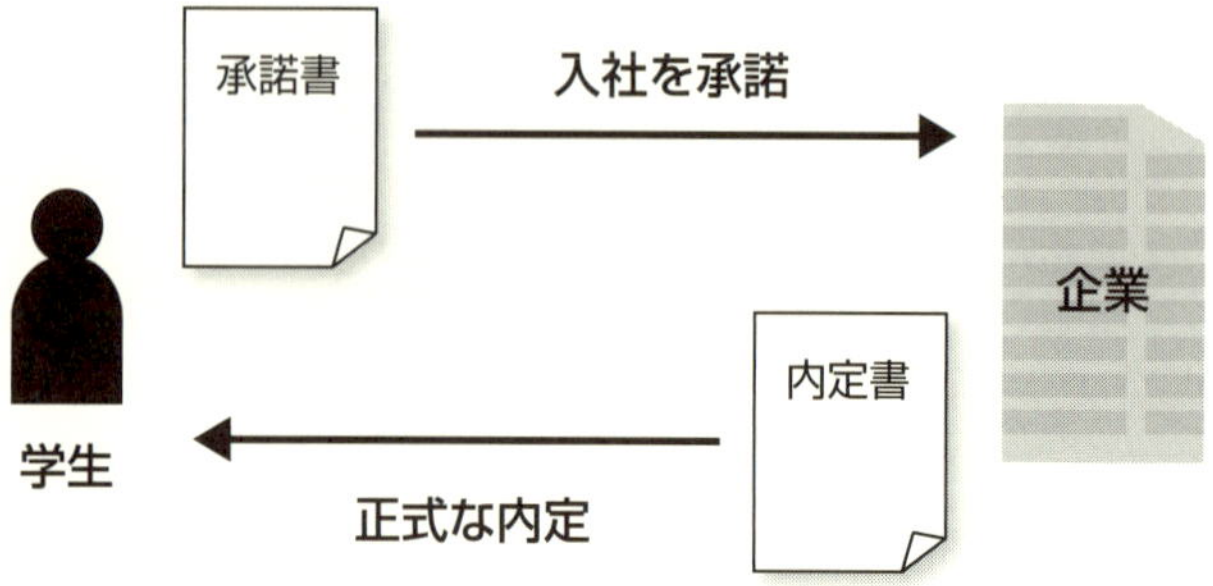

10章

【10章を楽しむコツ】
公共サービスについて考えてみましょう。
公務員も業務は広範で魅力的ですよ。

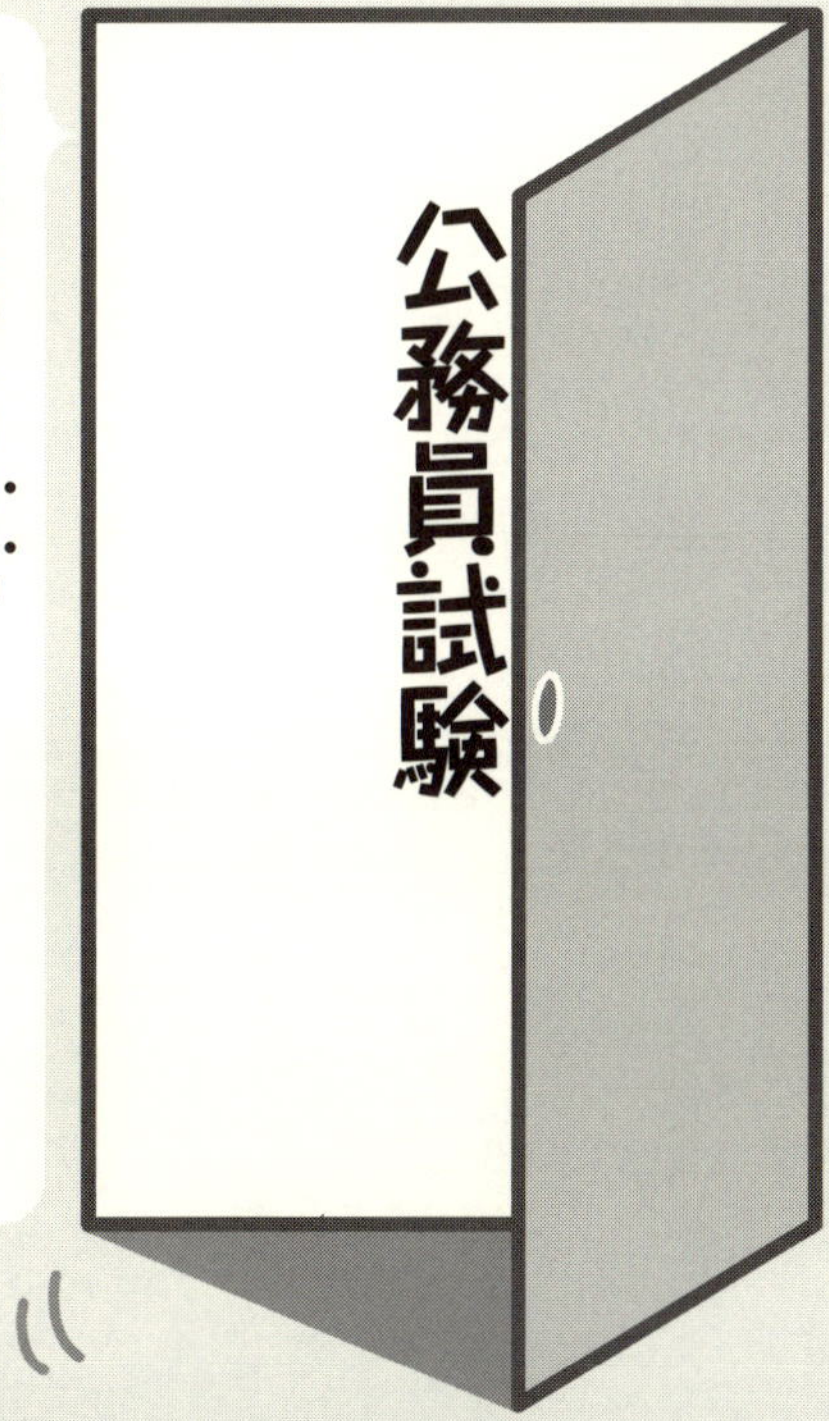

1 公務員とは？

公務員とは、国または地方公共団体（都道府県、市町村など）の公務に従事する者を指します。国の機関であれば国家公務員、地方公共団体であれば地方公務員といいます。

日本国憲法第15条で「すべての公務員は、全体の奉仕者であって、一部の奉仕者ではない」と定められています。営利企業は、自社製品やサービスを通して顧客の生活を豊かにし、その結果は利益として現れます。しかし、行政は営利目的ではないので、業績を利益で測ることはありません。明解な評価基準がないなかで、高い使命感をもち続けて公共の利益のために尽くさなければなりません。また人事異動は比較的頻繁に行われ、様々な職務に就き、幅広い経験を積むことが求められます。

２０１２年6月に発表された人事局の「I種試験（現在の総合職相当）からの新規採用職員に対するアンケート調査」によれば、国家公務員を志した主な理由は「公共のために仕事ができる」74・2％、「仕事にやりがいがある」70・7％、「スケールの大きい仕事ができる」49・9％でした。

一方、求められている人材は、「自己を高める意欲と向上心のある人」、「柔軟性があり、国際感覚を備えている人」、「人間関係を円滑に築け、協調性のある人」、「コミュニケーション能力の高い人」、「広い視野をもち、行動力のある人」、「豊かな創造性と情熱のある人」、「分析力、洞察力に優れた人」で、国家公務員としては、これらに加えて、「国民全体の奉仕者としての使命感や気概をもって行動する人」です（「平成24（2012）年度版、国家公務員総合職試験ガイド」の各府省人事課アンケート）。

「公務員は安定しているから」という志望動機をよく耳にしますが、国家・地方ともに財政状況の厳しい昨今、予算や給与の削減はよく取りざたされています。また、公務員は決して楽な仕事ではないことも理解しておきましょう。公務員の仕事は非常に幅広く、窓口に座って事務をするだけではないのです。勝手な公務員像を想定するのではなく、信頼できる情報にもとづいて、業務内容をよく調べておくことが大切です。面接試験対策にもつながります。

この章では、特に大学生の受験の多い職種である国家公務員一般職（行政）、都道府県（一般行政）および市町村（事務職）に絞って紹介します。

国家公務員一般職（行政）は、主として事務処理等の定型的な業務に従事する係員で、中央省庁や出先機関でその分野の政策立案を支えます。

都道府県職員は、市町村区域を越える広域的事業として、地方の総合的な政策の立案や人事、予算、経理、県税の徴収、国や市町村との連絡調整、広報活動、教育や福祉に関する相談などを行います。

市町村職員は、住民生活に関する事務（戸籍住民登録・管理など）、住民の安全や健康の確保（消防、ごみ処理、上下水道整備など）、まちづくりに関する仕事（都市計画、道路・河川の管理など）を担当します。なお、市町村は採用しない年度もありますので注意しましょう。

景気の悪さや数々の不祥事もあって、公務員に対する社会の目が厳しくなっています。したがって、各自治体は住民から信頼される人物を求めており、筆記試験だけで合格できるものではありません。また、下の表からもわかるように、どの試験も倍率が高く、難関です。

周囲に公務員を志望する学生が多ければ、お互いに刺激し合えますが、周りに民間希望の学生が多い場合には、就職支援室が開催するガイダンスなどに参加して、やる気を持続させるとよいと思います。

●（例）過去3年間の採用試験実施状況●

＊ここでは、埼玉県、川越市を例に取り上げています。

		2012年度				2011年度				2010年度			
		受験者数	1次試験合格者数	最終合格者数	倍率	受験者数	1次試験合格者数	最終合格者数	倍率	受験者数	1次試験合格者数	最終合格者数	倍率
国家公務員一般職（行政）		33,819	3,288	2,147 (670)	15.8	38,817	5,091	3,314 (994)	11.7	39,559	5,012	3,344 (1,053)	11.8
埼玉県（一般行政）		2,094	709	279 (98)	7.5	1,800	529	213 (66)	8.5	1,007	147	61 (17)	16.5
川越市（事務職Ⅰ）		481	149	53	9.1	372	89	34	10.9	406	—	20	20.3
埼玉県警（Ⅰ類）	第1回	2,256	1,165	307 (29)	7.3	2,233	1,233	351 (31)	6.4	2,186	1,164	327 (17)	6.7
	第2回	1,152	535	101 (15)	11.4	1,364	499	124 (17)	11.0	1,450	456	100 (9)	14.5
	第3回	未実施				1,298	349	67(8)	19.4	未実施			
川越地区消防組合（大学）		—	—	—	—	38	—	3(1)	12.7	41	—	10(2)	4.1

※（　）内は女性。
※国家公務員は申込者数、2010年度、2011年度は国家Ⅱ種。

2 公務員の採用プロセス

一般的に、公務員になるためには公務員採用試験を受験する必要があります。公務員採用試験は大学入試センター試験のような統一されたものではなく、仕事内容や採用機関ごとに様々な方法・形式で実施されます。そのそれぞれで試験対策も変わりますので、まずは自分が志望する公務員採用試験の日程および試験内容をよく調べることが大切です。

(1) 国家公務員

国家公務員採用試験は、人事院が実施して採用を各府省が行うものと、各官庁や機関が実施するものがあります。下の表は人事院が実施する2013年度国家公務員採用試験の一般職試験の日程です。

一般職試験の場合は、1次試験合格発表後、府省庁の実施する業務説明会などに参加し、質疑応答や面談を行います。これを官

●2013年度国家公務員一般職(大卒程度)採用試験日程●

受験案内等	受付期間	1次試験日	1次試験合格発表日	2次試験日	最終合格者発表日
2月1日(金)	4月9日(火)〜18日(木)	6月16日(日)	7月10日(水)	7月17日(水)〜8月5日(月)	8月21日(水)

庁訪問といいます。府省庁によって内容が異なりますが、これには必ず参加して、2次試験を受けることを告げておかなければなりません。その後、目指す府省庁で2次試験を受け、合格すれば内定となります。

これらの採用試験プロセスは、総合職と一般職でも全く違いますし、府省庁によっても異なりますので、十分情報を収集するようにして下さい。

(2) 都道府県職員

都道府県職員の採用試験は、6月ごろから行われることが多いようです。2013年の埼玉県職員

●埼玉県の例（2013年度 埼玉県上級一般行政採用試験日程）●

受験案内の配布開始日	受付期間	1次試験		2次試験	
		試験日	合格発表日	試験日	合格発表日
5月9日（木）	5月9日（木）～5月24日（金）	6月30日（日）	7月9日（火）	7月16日（火）～8月13日（火）	8月29日（木）

●川越市の例（2012年度 川越市職員事務職Ⅰ採用試験日程）●

受験案内の配布開始日	受付期間	1次試験		2次試験		3次試験（面接）	
		試験日	合格発表日	試験日	合格発表日	試験日	合格発表日
7月10日（火）	8月6日（月）～8月8日（水）	9月16日（日）	10月上旬	〈適性試験等〉10月14日（日） 〈面接試験〉10月27日（土）～11月4日（日）のうち1日	11月中旬	11月下旬	12月上旬

採用試験実施計画を見ると、一般行政の1次試験は6月末に、2次試験は7〜8月にかけて行われることになっています。最終合格者は採用候補者名簿に登載され、その後、意向聴取、採用内定、身体検査、内定者の集いと続いて採用となりますが、最終合格者のすべてが採用されるとはかぎりません。

(3) 市役所職員

市役所職員の採用は、9月ごろから始まることが多いようです。例えば、2012年度の川越市職員事務職Iの1次試験は9月16日に行われました。最終合格者は定数の欠員に応じて逐次採用されますので、最終合格者のすべてが採用されるとはかぎりません。

試験の日程が重ならないかぎり、各採用試験を併願することができます。例えば、2012年度の1次試験の日程を見ると、国家公務員総合職（大卒程度）は4月29日、同じく国家公務員一般職（大卒程度）は6月17日、埼玉県は6月24日、東京都や特別区（東京23区）は5月6日、川越市は9月16日、春日部市は9月10日、蕨市は9月14日、吉川市は7月22日などとなっています。地方自治体は抱えている問題も仕事内容も様々なので、安易な併願は避けるべきですが、試験内容が似通っている自治体ならば考慮してもよいでしょう。

受験の申し込みは、国家公務員は原則としてインターネットで行われます。しかし、地方公務員は申し込み方法がまちまちです。埼玉県庁も原則としてインターネットによる申し込みです。しかし、川越市などのように、市役所本庁舎に出願書類を持参しなければいけない地方自治体もあります。申し込みの際に面接を行うこともありますので、キャンパスから遠く離れた地方自治体を受験する場合は特に気をつけましょう。

3 1次試験対策

公務員試験の1次試験は、どれも非常に幅広い分野から出題されます。試験対策は大変ですが、これに合格しないことには話になりません。できるだけ早いうちに受験勉強に取りかかることをおススメします。

国家公務員、地方公務員ともに、1次試験は基礎能力（教養）試験と専門試験の両方が課せられます。しかし、教養試験のみの自治体や、ユニークな出題をする自治体もありますし、前年と同じ内容ともかぎりませんので、必ず受験案内やWebサイトで確認しましょう。

基礎能力（教養）における知能分野の文章理解（現代文、古文、漢文、英文）は、長文に対する読解力が試される問題科目です。

判断推理、数的推理、資料解釈は公務員採用試験特有のもので、問題集などを数多く解いて慣れるしかありません。判断推理は論理パズル的な科目です。数的推理は数や図形に関す

●(例)2013年度 国家公務員採用一般職(行政)採用試験(大卒程度)1次試験●

試験種目	解答題数・解答時間	配点比率(建築以外)	内　容
基礎能力試験(多肢選択式)	40題 2時間20分	2/9	〈知能分野〉27題 文章理解11題、判断推理8題、数的推理5題、資料解釈3題 〈知識分野〉13題 自然・人文・社会(時事を含む)
専門試験(多肢選択式)	40題 3時間	4/9	80題出題　うち40題解答 次の16科目(各5題)から8科目を選択し、計40題解答 政治学、行政学、憲法、行政法、民法(総則および物権)、民法(債権、親族および相続)、ミクロ経済学、マクロ経済学、財政学・経済事情、経営学、国際関係、社会学、心理学、教育学、英語(基礎)、英語(一般)
一般論文・記述	1題 1時間	1/9	文章による表現力、課題に関する理解力などについての短い論文による筆記試験

※配点比率の残り2/9は2次試験。

●(例)2013年度 埼玉県上級一般行政採用試験1次試験●

試験種目	問題数・解答時間	配点	出題分野
教養試験(多肢択一式)	40問 120分	100/700	〈知能分野〉22問必須解答 文章理解(英語を含む)、判断推理、数的処理、資料解釈 〈知識分野〉28問中18問選択解答 社会科学(法律、政治、経済、社会一般) 人文科学(日本史、世界史、地理) 自然科学(物理、科学、生物、地学、数学)
専門試験(多肢択一式)	40問 3時間	100/700	50問中40問選択解答 政治学、社会政策、行政学、憲法、行政法、民法、刑法、労働法、経済学(経済原論、経済政策、経済史)、財政学、国際関係、経営学

※配点の残り500/700は2次試験。

●(例)2012年度 川越市職員事務職Ⅰ採用試験1次試験●

試験種目	試験時間	出題分野
教養試験(多肢択一式)	120分	社会、人文および自然に関する一般知識並びに文章理解、判断推理、数的推理および資料解釈に関する一般知能

るもので、通常の数学や算数に近い分野です。資料解釈は、統計表やグラフ等、与えられた図表から内容を読み取る分析力が試される科目です。

教養試験の一般知識分野は、大きく分けて自然科学、人文科学、自然科学の三つで、基本的に内容は中学校や高校で学習した教科に近いものです。したがって、高校の教科書や参考書を読み返すところから始めましょう。

専門試験は、自治体によって出題される科目が大きく異なりますので、まずは自分の目指す公務員試験の出題科目を確認しましょう。

専門試験は、大きく分けて法律系科目（憲法、行政法、民法、刑法、労働法、商法、国際法）、行政系科目（政治学、行政学、社会学、国際関係、社会政策、社会事情）、経済系科目（経済原論、国際経済学、財政学、経済政策、経済学史、経済史、経済事情、統計学、計量経済学）、その他の科目（会計学、経営学、心理学、教育学）に分かれます。基本的にすべての分野から少しずつ出題されますが、特に、憲法、行政法、民法、経済原論の四つの科目はどの採用試験でも必ず出題されます。

法律系科目は出題率が高いので、まず憲法の学習から取りかかり、次に行政法、民法と学習を進めていきましょう。

行政系科目は覚えなければいけない内容も多いのですが、時事問題が出題されることがありますので、日ごろからテレビのニュースや新聞で情報を収集しておくことも大切です。

経済系科目は経済原論がベースですので、ミクロ経済学、マクロ経済学から学習を始めましょう。

その他の科目は、まず自分の目指す採用試験で出題されるかどうかを確認してから、計画的に勉強していきましょう。

4 2次試験対策

1次試験合格者のみ臨むことができる2次試験は、一般的に面接試験や集団討論といった筆記試験以外の試験が行われます。試験によっては、専門試験や論文試験、適性検査や適性試験なども実施されることがあります。

近年、面接試験が重視されています。「コミュニケーション能力のある優秀な人を採用したい」というのは民間企業と同じですので、1次試験で一定の点数を取っていれば合格とされ、面接で絞り込む傾向があります。

もちろん、1次試験突破が条件ですので、試験対策は怠ってはいけませんが、だからといって、1次試験に合格した後で2次試験対策を始めたのでは明らかに時間が足りなくなります。志望動機や自己PRの文章化などは、1次試験を受ける前から準備をしておきましょう。

●（例）国家公務員採用一般職(行政)採用試験(大卒程度)2次試験●

試験種目	配点比率	内　容
人物試験	2/9	人柄、対人的能力などについての個別面接 ※第2次試験の際、人物試験の参考とするため、性格検査を行います。

※配点比率の残り7/9は1次試験。

●（例）2013年度 埼玉県上級一般行政採用試験2次試験●

<table>
<tr><th colspan="2">試験種類</th><th>時間</th><th>配点</th><th>試験内容</th></tr>
<tr><td colspan="2">論文</td><td>75分</td><td>100
/700</td><td>記述式筆記試験900〜1,100字
ポイント：表現力、理解力、思考力などを採点</td></tr>
<tr><td rowspan="2">人物試験</td><td>集団討論(1日目に実施)</td><td>60分程度</td><td>100
/700</td><td rowspan="2">個別面接2回
ポイント：社会性、積極性、信頼性、コミュニケーション力などを採点</td></tr>
<tr><td>個別面接(2日目に実施)</td><td>1回目20分
2回目40分</td><td>300
/700</td></tr>
</table>

※配点の残り200/700は1次試験。

※2次試験の際、人物試験の参考とするため、公務員として職務遂行上、必要な素質および適性についての検査を行います。

●（例）2012年度 川越市職員事務職Ⅰ採用試験2次試験●

<table>
<tr><th colspan="2">2次試験</th><th>3次試験</th></tr>
<tr><td>1回目</td><td>適性検査、作文試験、集団討論、面接試験</td><td rowspan="2">集団面接</td></tr>
<tr><td>2回目</td><td>面接試験</td></tr>
</table>

2次試験の事前または面接当日にエントリーシート（面接カード）の提出が求められ、その内容に関して面接試験の質問がなされます。

エントリーシートの内容は、比較的オーソドックスなものです。公務員を志望する理由と自己PRが主体で、大学での経験などについてもよく質問されます。志望する自治体の過去問などを調べておきましょう。

国家公務員一般職試験の配点比率を見て、1次試験が7／9で面接が2／9だから1次試験重視だと考えるのは間違いです。1次試験対策をキチンとしている受験生であれば、筆記試験では大差はつきません。むしろ面接で差がつくのです。

面接重視の傾向は都道府県や市町村でも同じです。例えば、埼玉県では、集団討論と個別面接を合わせて700点満点中400点の配点です。つまり、1次試験は合格して当然で、2次試験でじっくり人物を見て採用しようと考えているのでしょう。

川越市の採用試験では配点や配点比率が明らかになっていませんが、2次試験から3次試験に至るまでに、面接が3回もあることを考えれば、やはり面接が合否のポイントになります。

論文や集団討論、面接試験の内容は様々です。例えば、埼玉県上級試験等論文問題（一般行政）の試験問題の例題として、次の問題をあげています。

総務省が実施した平成22（2010）年国勢調査（速報値）によると、平成17（2005）年から平成22（2010）年の人口増加率が調査開始以来最低となっています。この間、埼玉県では人口が微増していますが、今後は減少に転じると見られています。そこで、次の2点について900字以上1100字以内で論じなさい。
1．その背景
2．このことに関するあなたの考え

受験に際しては、受験する都道府県の過去の問題などを十分に把握し、対策を講じることが大切です。

集団討論問題の例は、次のとおりです。

近年、「買い物弱者」が社会的に大きな課題となっている。そこで、次の2点について順次討論し、グループとしての意見をまとめなさい。※買い物弱者の説明はなされます。
1．その背景として、どのようなことが考えられますか。
2．このことについて、どのように考えますか。

「当該自治体に関する質問がくるだろうと、政策から人口や市町村数など、Ｗｅｂサイトを隅々まで暗記していったのに、問題は『家族について』だったので、がっかりした」という学生がいましたが、その勉強が役に立たなかったはずはありません。隅々まで勉強したというその自信が、面接での落ちつきを生み、合格に結びついたのだと思われます。

5 警察官・消防官

地方公務員のなかでも、警察官や消防官は、仕事内容が事務職とは異なります。

(1) 警察官

日本の警察組織は、国家機関としての警察庁と、自治体警察としての都道府県警察（東京都のみ名称は警視庁）から成り立っています。

警察官は、警察法の定めにより警察庁、都道府県警察に置かれる公安職の警察職員をいい、警察官職務執行法において、「個人の生命、身体及び財産の保護、犯罪の予防、公安の維持並びに他の法令の執行等の職権職務を忠実に遂行すること等を任務とする」と定められています。

警察官の仕事は、総務・警務（留置管理や被害者支援、学校教官など）、生活安全（銃器や麻薬・覚醒剤の取り締まり、青少年の非行防止など）、地域（交番、パトロールなど）、刑事（犯罪捜査）、交通（交通違反の取り締まり、事故防止・捜査など）、警備（機動隊など）と、多岐にわたります。

下の表は、2013年度の埼玉県警採用試験の内容ですが、埼玉県警は年に2回の採用試験を行

●（例）2013年度埼玉県警察官Ⅰ類採用試験（1次試験）第1回●

受付期間	試験日	試験内容	配点・時間	合格発表日
4月1日（月）～4月15日（月）	5月12日（日）	〈教養試験〉（多肢択一式） 社会科学（法律、政治、経済、社会一般）、人文科学（日本史、世界史、地理）、自然科学（数学、物理、化学、生物、地学）、文章理解（英文を含む）、判断推理、数的処理、資料解釈	配点100点 50題必須解答 120分	6月4日（火）
		〈論（作）文試験〉 文章による表現力、課題に対する理解力、思考力、その他の能力について、記述式による筆記試験を行います。	配点100点 60分	

●（例）2013年度埼玉県警察官Ⅰ類採用試験（2次試験）第1回●

試験日	試験種目	配点	最終合格発表	採用予定時期
6月8日（土）～6月11日（火）のうちいずれか指定する1日および7月22日（月）～7月31日（火）のうちいずれか指定する1日	〈身体・体力検査〉 胸部疾患、伝染性疾患、その他の健康状態について、医学的検査を行います。身体検査項目（視力、色覚、聴力、慎重、体重）体力検査種目（腕立て伏せ、上体起こし、反復横跳び、立ち幅跳び、握力）	200点	8月22日（木）	既卒者 平成25年10月1日（火）以降 卒業見込者 平成26年4月1日（火）以降
	〈人物試験〉 人物について、個別面接、集団討論および受験資格等の確認を行います。また、1次試験において、警察官として職務執行上、必要な素質および適性についての検査を行います）	300点		

っています。表には示されていませんが、2回目の試験の申し込みは8月です。

教養試験の内容は、地方公務員試験とほぼ同じですが、論（作）文試験は、警察官の倫理観を問う問題がよく出題されています。

なお、警察組織における事務業務を担当する職を警察事務職員といい、警察官とは別に採用が行われます。

(2) 消防官

消防官の仕事は、消防法において「火災を予防し、警戒し及び鎮圧し、国民の生命、身体及び財産を火災から保護するとともに、火災又は地震等の災害による被害を軽減するほか、災害等による傷病者の搬送を適切に行い、もつて安寧秩序を保持し、社会公共の福祉の増進に資することを目的とする」と定められています。

具体的には、消火（消防車両などを活用して消火活動を行い、その後火災発生原因を究明する）、救急（応急処置

●（例）2012年度川越地区消防組合（大学）採用計画●

受付期間	1次試験				2次試験		
	試験日	試験科目	時間	合格発表	試験日	試験科目	合格発表
8月14日(火)〜8月16日(木)	9月16日(日)	教養試験	120分	合否にかかわらず文書で全員に通知します	10月下旬	作文・体力測定・身体測定(健康診断)・面接	合否にかかわらず文書で全員に通知します
		適性検査	20分				

※受験申込時には、書記載事項の確認を行いますので、原則として受験する本人が直接持参して下さい。

※最終合格者は、定数の欠員に応じて逐次採用されます。したがって、最終合格者がすべて採用されるとはかぎりません。

を行い、医療機関に運搬する）、救助（事故や災害における人命救助）、予防（建物の消防設備や防災対策の審査・指導）と、多岐にわたります。

消防業務は消防組織法により、市町村単位で行うのが原則になっており、採用試験も独自に実施されます。いくつかの市町村が集まって組合をつくっているところもあり、例えば、川越市は川島町と消防事務について共同処理することに合意し、名称を川越地区消防組合としています。

教養試験の内容は地方公務員試験とほぼ同じです。また、2次試験における体力測定は大切です。体力はすぐに身につくものではありませんので、日ごろから身体を鍛えておきましょう。

11章

各種サービスを活用しよう

【11章を楽しむコツ】

EDINETを知っていますか？　社会に出ても役立つサービスを活用しましょう！

1 就職支援室は情報の宝庫

就職活動が始まる少し前になると、就職支援室（キャリア支援室）を訪問する学生が増えてきます。就職支援室には、就職先や就職活動に関する様々な情報があるからだと思います。就職支援室の名称は、大学によって異なります。大学がその学生の就職を支援するための組織であり、どの大学にも設置してあると思います。

(1) 求人情報がわかる

就職支援室あるいは就職課には、企業の採用担当者が来訪し、求人票を提出します。企業は、優秀な人材を求めていますので、様々な大学を訪問して、就職支援室の担当者に求めている人材を説明します。また中堅企業の場合には、学生の知名度が高くないことから、企業のＰＲを行うために、就職支援室を訪れます。インターネットを通じた求人情報の収集も大切ですが、採用担当者の生の声を聞いている就職支援室の情報は、非常に大切だと思います。

(2) 卒業生の就職先がわかる

卒業生の就職先の情報を把握しているのも就職支援室です。就職支援室では、学生の内定情報や入社した企業などの情報を把握しているので、先輩たちがどのような企業に入社しているのかを知りたいときに役に立ちます。また、どのような企業から内定をもらっているのかという情報も把握していますので、学生の皆さんが就職先を考えるときの参考になると思います。

(3) 企業に関する情報を収集できる

就職支援室には、『日経会社情報』（日本経済新聞社）や『会社四季報』（東洋経済新報社）などの雑誌がおいてありますので、このような雑誌を読んでおくこともおススメです。自分でこれらの雑誌を購入すると、費用が嵩みますので、就職支援室においてある就職雑誌を利用するとよいでしょう。これらの雑誌を読むときには、どのような企業があるのか、財務状況や経営状況はどうか、収支の見通しはどうかなどを知ることができます。インターネットで検索して企業を調べようとすると、検索条件と関係のない企業を発見することは難しいのですが、雑誌をパラパラめくって調べていくうちに、思わぬ企業を発見することがあります。

(4) ESの添削をしてもらえる

就職支援室には、学生の就職活動を支援するためのスタッフを設置していることが多いと思います。筆者の知っている大学でも必ずそうしたスタッフがいます。就職支援室のスタッフに、ES（エントリーシート）の添削をお願いすることができます。何を書いたらよいかわからないときや、書いた内容がよいか悪いのかをチェックしたいときには、就職支援室は心強い味方《ミカタ》になります。

（5）面接指導をしてもらえる

就職支援室のスタッフは、ESの添削だけではなく、面接指導をしてくれることもあります。学生どうしで面接の練習を行ってもよいのですが、社会人に面接の練習・指導を行ってもらうことをおススメします。

（6）各種セミナーやイベントを開催している

就職支援室では、様々な就職活動のセミナーや、学内会社説明会などのイベントを開催しています。こうしたセミナーやイベントに参加することも重要です。定期的に、できれば毎日でもこうしたイベントやセミナーの情報を集めて、参加するとよいでしょう。筆者の経験からいえば、そのようなセミナーやイベントに積極的に参加している学生は、内定をもらう可能性が高いと感じています。就職活動に対する意欲があるから、内定をもらいやすいともいえますが。

2 大人（保護者・先輩・教員など）を活用する

就職活動は、一人で行うものではありませんし、一人で行わない方がよいと思います。会社説明会や面接などに取り組むのは、自分自身、つまり一人なのですが、それを支える人たちがいるということです。つまり、保護者、先輩、教員、友人などの力を借りて就職活動に取り組むとよいということです。

学生は、アルバイト経験はあるものの、企業で働いた経験のある人は少ないと思います。そこで、身近な社会人である保護者に進路について相談するとよいと思います。例えば、「どのような業種がよいのか」、「どのような企業がよいのか」、「自分がどのような仕事をしたい」のかを伝えながら、相談してみましょう。また、クラブやサークル活動の先輩に相談することもよいと思いますし、教員に相談してもよいと思います。

相談する内容は、就職活動に関することと、入社した後のことに分けられると思います。就職活動では、「内定をもらうこと」に注目しがちですが、自分自身を考える大切な機会であることを忘れないようにしましょう。

（1）業種や企業について相談する

学生が知っている業種や企業は、日常生活のなかで見たり聞いたりする企業が大半だと思います。しかし、実際には、これらの業種や企業は、社会全体の一部です。上場企業だけでも2322社（2013年4月25日現在）ありますし、上場企業のグループ企業を含めると非常に多くの企業があります。また中小企業庁の調査によれば、中小企業は420万1千社もあります。社会人は、学生に比べると多くの業種や企業を知っていますので、一度相談してみるとよいでしょう。

（2）ESの書き方を相談する

クラブやサークルの先輩は、就職活動を経験してからあまり時間が経っていないので、ES（エントリーシート）の書き方について相談してみるとよいと思います。また、企業で勤務されている保護者や、勤務したことのある教員にアドバイスを求めることも有益だと思います。そのような方々は、採用担当者としての経験があったり、採用担当者から情報を集めることができるので、役に立つアドバイスを得ることができるのではないかと思います。

（3）面接での対応を相談する

面接試験は、社会人でも苦手とする人が多いようです。企業に入社した後、社内で様々な面接を受けたり、面接を行ったりすることで苦手意識を克服しています。学生は、こうしたノウハウを社会人の方に教えてもらうとよいと思います。もちろん、保護者と面接試験の練習を行うことはやりにくいと思うので、就職支援室のスタッフ、先輩や教員に面接の練習・指導を行ってもらうとよいと思います。

（4）社会人に何が求められているかを相談する

「社会人には何を求められているのか」や、「企業がどのような学生を求めているのか」について、相談してもよいでしょう。業種によって、求める学生のタイプは異なりますし、企業でも社風や企業文化が異なりますので、求める学生も異なります。企業がどのような学生を求めているのかを理解しておかないと、企業と学生のミスマッチが生まれます。内定がもらえない原因にもなりますので、自分を求めている企業について、社会人に相談してみることも大切です。

（5）仕事の意味を教えてもらう

仕事とは、どのような意味をもつのでしょうか。働く目的は何でしょうか。社会人がどのように考えているのかを聞いてみて、自分なりのイメージをもっておくとよいと思います。大変なことだけではないのが仕事です。やりがいを感じたり、達成感を感じたりすることも、仕事を通じて得られることが少なくないと思います。就職（あるいは起業）をして、仕事をすることが素晴らしいことだと思えば、おのずと就職活動に対する考え方や、意欲も変わってくると思います。

3 ハローワークも活用しよう

ハローワークというと、「社会人が職を探すために行く場所」というイメージが強いと思います。今では、学生がハローワークを上手に使っていることも少なくありません。大学の就職支援室を活用するだけでなく、ハローワークも活用してみることをおススメします。就職支援室とハローワークが連携して学生の就職支援を行っていますので、両方をうまく連携させながら活用するとよいでしょう。

(1) 学生の方が有利

中高年の方が再就職先を求めてハローワークを訪れることが多いのですが、年齢の壁もあってなかなか仕事が見つからないことがあります。中高年の場合には、知識・経験・スキルをもっており、即戦力になるという、学生よりも有利な部分があります。しかし一方で、一定金額以上の給与を出さなければならない、仕事や年令に見合ったポストを用意しなければならない、などの条件をクリアしなければなりません。

学生の場合には、知識・経験・スキルはなく即戦力にはなりませんが、「育て方によって自社に合った人材に育成することができる」、「若く体力があるのでパワーがある」、「給与は比較的安く済む」、「成長性がある」などのメリットがあります。

若い人を求めている中堅企業も多いので、ハローワークで職を探すことは社会人よりも有利な場合があるのです。

(2) 成長性のある企業を見つけられる

中堅企業のなかには、成長している企業があります。成長性のある企業でも、企業規模が小さいと大企業のように新卒者採用を行うことが難しいのが現状です。そこで、こうした企業は、ハローワークを使うことが少なくありません。ハローワークの担当者の意見を聞きながら、自分に合った企業を見つけるようにしてもよいでしょう。

(3) 年間を通じた活動ができる

採用活動のピークを過ぎると、採用活動を行っている企業も少なくなります。ハローワークでは、年間を通じて就職あっせん活動を行っていますので、ハローワークをのぞいてみるとよいでしょう。

　残念なことに卒業までに内定が決まらなくても、あきらめずに、ハローワークに通って就職先を探してもよいと思います。

（4）大学と異なる視点で活動ができる

　ハローワークは、学生というよりも中高年を含めて幅広い社会人を対象に就職支援を行っています。大学の就職支援室とは異なった視点での企業の情報や、求人情報も多数もっています。ハローワークの職員に相談すると、新しいアイディアがわいてくるかもしれません。企業についての別の見方ができるようになり、就職先探しのヒントを得ることができるかもしれません。

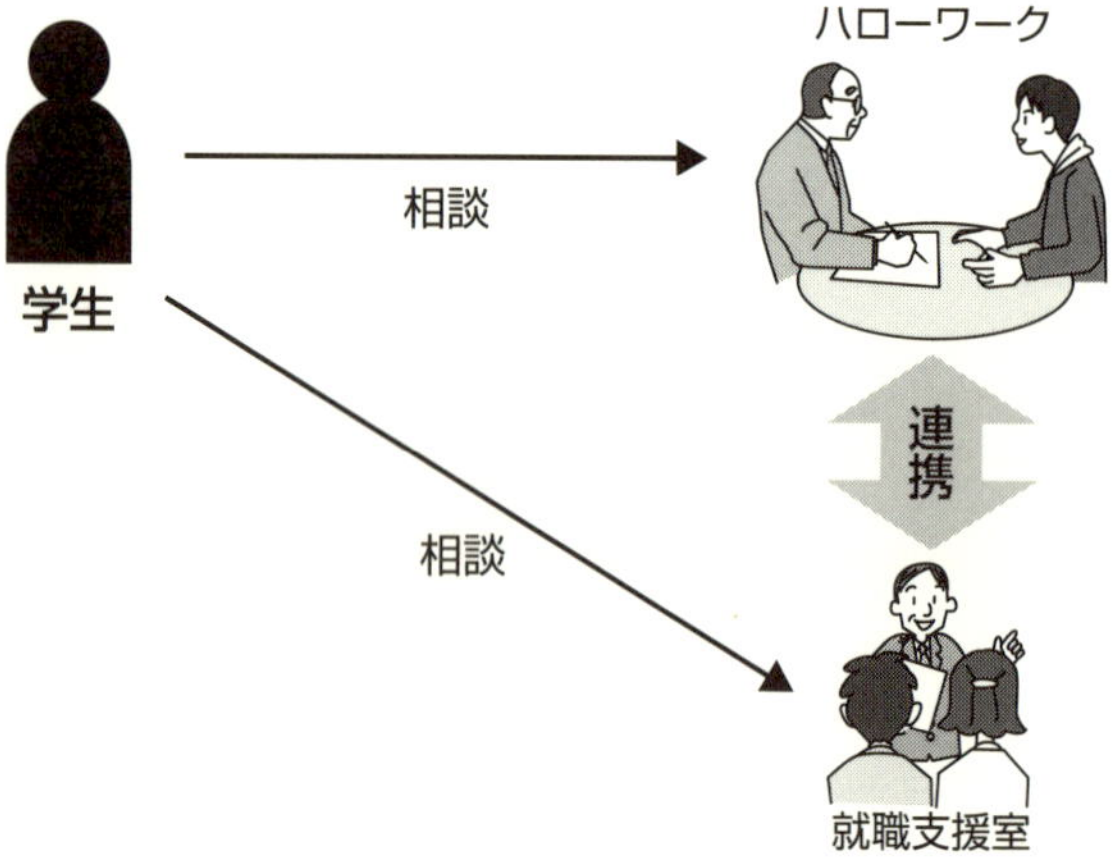

4 EDINETを活用しよう

ＥＤＩＮＥＴという言葉を聞いたことがありますか。授業やゼミで利用している学生もいるかもしれませんが、Electronic Disclosure for Investors' NETworkの略で、正式には、「金融商品取引法に基づく有価証券報告書等の開示書類に関する電子開示システム」のことです。ＥＤＩＮＥＴは、金融庁が提供しているシステムで、誰でも自由に利用することができます。

上場会社は、ＥＤＩＮＥＴに有価証券報告書という書類を提出します。有価証券報告書には、企業に関する様々な情報が記載されています。例えば、次のような情報があります。

①**企業の概況**…主要な経営指標等の推移、沿革、事業の内容、関係会社の状況、従業員の状況

②**事業の状況**…業績等の概要、生産、受注及び販売の状況、対処すべき課題、事業等のリスク、経営上の重要な契約等、研究開発活動、財政状態、経営成績及びキャッシュ・フローの状況の分析

③**設備の状況**…設備投資等の概要、主要な設備の状況、設備の新設、除却等の計画

④**提出会社の状況**…株式等の状況、自己株式の取得等の状況、配当政策、株価の推移、役員の状況、コーポレート・ガバナンスの状況等

⑤**経理の状況**…連結財務諸表等、財務諸表等
⑥**提出会社の株式事務の概要**
⑦**提出会社の参考情報**

いかがでしょうか？　これだけの情報があれば、皆さんが希望する企業がどのような沿革なのか、どのような事業を行っているのか、現在抱えているリスクは何か、売上高や資本金はどれくらいで、どの程度の利益をあげているのかといったことがわかります。財務情報の企業間比較もできますので、同じ業種でどの企業の財務状況がよいのかを簡単に把握することができます。ぜひ、一度利用してみて下さい。

5 経営状況を分析してみよう

志望する企業から内定をもらった後、リストラや給料カットなどが起きないか心配です。数年前に、内定先企業が倒産したり、内定取り消しになったりした学生が発生してマスコミを賑わせたこともありました。志望企業について、簡単に経営状況を分析しておきましょう。

(1) 財務状況を調べる

金融庁のＥＤＩＮＥＴや企業のホームページで志望企業の財務情報を収集してみましょう。売上高や利益の推移を見て、増加傾向にあるのか確かめて下さい。これは、ＥＤＩＮＥＴの「第1【企業の概況】1【主要な経営指標等の推移】」を見ると簡単に把握できます。売上高や利益が増加傾向なのか、低下しているのかなどを調べておくとよいと思います。

(2) リスクの状況を調べる

企業経営においては、様々なリスクがあります。これについては、ＥＤＩＮＥＴの「第2【事業の状況】4【事業等のリスク】」の欄を見るとよいでしょう。企業が抱えている様々なリスク、例えば、市場リスク、為替リスク、事故等のリスクなど、様々なリスクが記載されていますので、面接試験のときに役立つかもしれません。

(3) 企業全体の状況を把握する

ＥＤＩＮＥＴの「第2【事業の状況】1【業績等の概要】」を読むと、事業の状況がわかります。志望先企業の状況を把握しておくために、一読しておくとよいでしょう。

(4) EDINETで公表されていない企業の対応

上場していない中堅・中小企業などは、EDINETを活用することができません。そのような場合、企業のホームページや会社説明会での説明をよく聞いて、志望企業の状況を把握しておくとよいと思います。情報が開示されている企業は、経営について比較的安心できると思いますが、情報が開示されていない企業の場合には、開示できない事情があると考えておいた方がよいかもしれません。

12 章

内定をもらってからが勝負！

【12章を楽しむコツ】
社会人の仲間入りをするための心の準備をしましょう！

1 卒業までの過ごし方

『進路決定おめでとう！』私（筆者）もはじめは「大丈夫かな？」と心配していました。いろいろと苦労していたようですが、よくやり抜きましたね。あなたを気にかけている人、ここにもいるのですよ。

さて、進路が決定した皆さんは、卒業までどのように過ごしますか。もちろん自分で決めてくれればよいのですが、三つほどアドバイスしておきましょう。

「就職活動をくぐり抜けた学生は一回り大きくなる」といわれていることを知っていますか。自分では意識していないかもしれませんが、あなたも立派な大人に近づいてきたのです。そこで第一のおススメは、大人になってきた過程を、自分自身で振り返ることです。就職活動中の出来事や思いは、頭の中にたくさんあることでしょう。また、ノートや手帳にメモしていたかもしれません。エントリーシートの文章も苦労して仕上げましたよね。

どのように考え、どのような活動をしてここまできたのか、これはスゴいあなたの立派な歴史です。就職活動の手帳やノートがあるならば、頭やこころの中の記憶を書き加えてみましょう。データを集める、書き出して整理する、そして客観的にじっくり振り返る、「なぜだろう」と考える。自分の成長を軸に、情報を総合的に意識して考えることを、この機会にぜひやってみて下さい。

二つめは、自分の進路となった企業について深く知ること、これをおススメします。「活動中にも十分すぎるくらいに企業研究をしていました」と思うかもしれません。いいえ、あなたは、いまや企業を見る視点が変ったはずです。惚れ込んだ（？）企業を新たな視点で、そして冷静な目で見て下さい。説明会などで受け取った企業のパンフレットを改めて取り出してみましょう。経営者はどのような人か、業績はどうなっているのか、業界での位置はどうか、企業の課題はなにか。その企業の一員となる視点から、企業をもっとよく知って下さい。

パンフレットの情報にはかぎりがありますね、もっと調べてみましょう。Ｗｅｂサイトを検索してもよいですし、上場企業なら11章でとりあげた有価証券報告書も使える情報です。採用活動でお世話になった人事担当の方に、企業の歴史を聞いてみるのもよいかもしれません。新聞の記事や広告も注目しましょう。新聞を読む習慣が合わせてつけば、気になる企業名や業界の動きが目に飛び込んでくるようになってきます。自分の企業を誰かに紹介するつもりになって、文章にまとめてみるとよりよいと思います。

三つめは、卒業までの時間を有意義に使うことです。卒業研究や卒業制作は、まとまった時間を費やすにはうってつけです。「これは」と思うテーマについて、期限を切って取り組むことをぜひおススメします。テーマが見つからないときはゼミの先生に相談して下さい。二つめのおススメに書いたように深く調べたことを活かして、入社する企業や業界をテーマにして将来を論じることもよいかもしれません。内定をもらってホッとしたあなたには厳しいですか。いえいえ「若いときの苦労は買ってでもしろ」というではないですか。後で、自分の苦労がよい思い出にもなりますし、頑張れる気持ちがわいてきますよ。

そうそう、卒業前には旅に出かけることも計画してみて下さい。旅は、日常とは異なる場と人に出会う貴重な機会になりますから。

2 入社してからが勝負！

卒業までの間に、入社前の研修など内定者の集まりがあるものです。参加された方、研修はどうでしたか。当たり前の内容が多かったでしょうか。そうですね、企業に入社してからは当たり前のことができてこそ始まるものです。では、ほかの内定者、つまり入社同期生の雰囲気はどうでしたか。就職活動中は周りが皆優秀に見えたかもしれませんが、それほどでもなかったのではないのでしょうか。そうです。「当たり前のことができること」、「入社同期はどんぐりの背比べ」が新入社員の基本なのです。そして、**入社してからが勝負**です。

あなたは、卒業までに身につけたいことは何ですか。4年生にアンケートを取ってみると、「専門知識」と同じくらいに「マナー」との回答があって感心します。たしかにマナーは幅広く奥深いので、気になる方にはぜひマナー本を通読することをおススメしますが、ここでも少しマナーの基本を教えましょう。それは、相手に応じて相手の期待する態度をとること、すなわち、相手を思いやる想像力が肝心なのです。入社後には様々な年齢や立場の相手と付き合うことになります。これは怖がることはありません。むしろ面白みを感じられるほどです。なぜか？　それは相手を観察できるからです。

企業は仕事の場でもあり、多様な人間観察の場でもあります。「人の振り見てわが振り直せ」といいますね。「大人はこうするものなのか」、「大人ならこうしない方がよい」、このような思いを、入社後の皆さんは毎日、目に耳にするはずで、それを活かすことがマナーの早道です。では、具体的にどうするか。観察したことや感じた思いをメモする、記録するのです。そして、メモを見直して振り返るのです。自分ならどうすべきか、どうすべきだったのか。この積み重ねがあなたが当たり前のことができる成長に役立つのです。

内定を手にした、あなたは、（ちょうど、この12章のトビラにある時計の針がゼロをさしているように）これから社会人としてのスタートラインに立ちます。先ほど「入社時にはどんぐりの背比べ」ともいいました。でもその後にだんだんと差がついてくるのも事実です。なぜでしょう。それも毎日の学びの積み重ねによるものです。はじめから完璧に仕事をこなせる新入社員はまずいません。まだ少し頼りない若いあなたが仕事で期待されるポイントは二つ。一つは仕事の仕方をおぼえて筋を通して進めること、もう一つは、難しそうな仕事でもとにかくチャレンジすることです。実はこの二つはベテランになると素直にしにくくなるのです。これら二つの期待に応えるためには、素直さや積極性はもちろん、要領のよさも役に立ちますが、日々の学びと行動が一番の早道なのです。学んだことは忘れる前にメモ、そして振り返って正す、このサイクルを繰り返してみて下さい。あなたは成長するはずです。そして頼られるようになるはずです。ところで、手帳や備忘録ノートをもっていますか？就職活動中は予定ややるべきことを記録する習慣をつけていたと思います。就職活動は大人になるよい過程でしたよね。記録する習慣は一生ものです。就職活動終了で手帳をもつことをやめてしまっていたら、今日から社会人としてもう一度手帳をもって下さい。メモについて社会人には当たり前の心得を伝えておきます。人の話はメモを取りながら聞くこと、これは必ず実践して下さい。ノートとペンを取り出してメモするポーズをとるだけでも、相手のあなたに対する印象はよくなるはずですから（もちろん、キチンとメモをして下さいよ）。

1章にも書いてありましたね。**学生以上に勉強するのが社会人です。**

3 相談ができる人はいますか？

大人のよいところは、自分のことを自分で決められることです。決められるだけの知識や経験をもっているからです。これは素晴らしいことですね。あなたも就職する企業を最後は自分で決めたものと思います。しかし、すべてのことを自分の思いだけで決めるのは危険も伴います。自分だけでは気づかないことも、たくさんあるからです。適切な判断をするために信頼できる人に相談することは、どんな大人にとっても、やはり欠かせないのです。

企業は集団組織による協働作業です。人間社会の慣習や法にもとづき、企業の理念に沿うことにより、社員には自律的行動が期待されますが、判断に迷いが生じることも事実でしょう。会社組織でよくいわれる常套句《じょうとうく》（決まり文句）に「**報・連・相（ホウレンソウ）**」があります。報告・連絡・相談の三つです。上司や同僚、さらには部下との情報共有、状況の把握や判断を組織的に進める上で欠かせないものです。報・連・相の技術そのものはここではお話しませんが、考えた上で判断に困るときには、躊躇せずに、頼れる上司や同僚に相談することが大切です。入社同期生も聞きやすくてよいかもしれません。相手を選んでアドバイスを聞いてみましょう。仕事を進めるうえで相談してアドバイスを受ける経験は、あなたをきっと成長させてくれます。そして次第に企業内で（同僚などから）そして企業外の顧客からも相談される立場になっていくはずです。

さて、判断に困ることは、直接仕事に関わること以外にもありますね。そのようなときに、あなたは相談できる人がいま周りにいますか。卒業までのうちにも考えておきましょう。困ったときに頼れる人に相談すること、そのために頼れる人を見つけること、まだ若いあなたの将来の人生にとってとても大切なことです。

親に相談することは恥ずかしいと思うかもしれませんが、親にとってはいつまでも子供は子供、とても心配しています。親身になって話を聞いてくれるはずです。それから社外の友となれば、まずは学生時代の友達が頼りになります。学生時代は冗談話ばかりだった同級生でも、卒業後はよいアドバイザーになるものです。

そして、大学はとても頼りになる相談相手です。大学とのつながりは、卒業で終わりではありません。むしろ、卒業してからがよい付き合いになると思って下さい。仕事に関する相談はもちろん、転職などの新たな進路の相談をしたくなる機会があるかもしれません。ゼミの先生や就職支援室のスタッフ、同窓会は、いつまでも皆さんを支える用意をしています。

最後にあなたにお願いをひとつ。相談してよいアドバイスを受けた経験を、さらに後輩など若い人たちへつないで下さい。あなたが若い人たちにとって頼りになる人になることによって、彼らを成長させるだけでなく、「あなた」も成長することができるのです。知識と経験を積んで下さい。相手に応じて相手の期待する態度を取れるようになって下さい。観察したことや感じた思いを記録して振り返り、次の自分の行動に活かして下さい。あなたには、ぜひ頼られる大人になっていってほしいのです。

	関心のある業種	企業名	理由
第1希望群			
第2希望群			
第3希望群			

やりたい職種	やりたくない職種

会社説明会管理表 資料2

会社名	会社説明会		申込	参加	コメント（A、B、C等で評価）					
	開催日	開催場所			受付の印象	社員の雰囲気	事業内容	仕事内容	将来性	その他（自由記入）

	世の中で何があったか？	何を行ったか？	エピソードは？
中学時代			
高校時代			
大学1年			
大学2年			
大学3年			

あなたの長所は何ですか？
学生時代に最も達成感をもったことは？　また、達成できた要因は何だと思いますか？
学生時代に最も苦労したことは何ですか？　それをどのように乗り越えましたか？
あなたの夢は何ですか？

業種：
志望企業名（わかる範囲で）：
志望動機：
志望理由：
専攻・研究テーマ：
クラブ、サークル活動：
自己PR：
あなたの短所は何ですか？

東洋大学総合情報学部「キャリアデザイン」研究会（執筆メンバー）

島田裕次《しまだゆうじ》　**東洋大学総合情報学部　教授　博士（工学）**

1979年早稲田大学政治経済学部卒。同年東京ガス株式会社に入社。営業所、IT部門、経理部、監査部等で勤務。在職中の2008年大阪工業大学大学院工学研究科博士後期課程修了。2009年から現職。専門分野（内部監査・システム監査）を通じて、企業・官公庁・自治体との幅広い人脈がある。［1章1・3・5～7節、2章1～3・11～12節、3章、4章、6章、9章、11章］

尾崎晴男《おざきはるお》　**東洋大学総合情報学部　教授　博士（工学）**

1984年東京大学大学院工学系研究科修了。同年建設省に入省。和歌山県庁、東京大学を経て、1994年から東洋大学。専門分野は交通工学・都市工学。［12章］

大塚佳臣《おおつかよしおみ》　**東洋大学総合情報学部　准教授　博士（工学）**

1993年東京工業大学工学部卒。同年日立システムテクノロジーに入社。環境プラントの設計・開発に従事。2006年同退職、2010年東京大学大学院工学系研究科都市工学専攻博士課程修了、同年から現職。専門分野は環境工学・環境心理学。技術士（衛生工学部門、総合技術監理部門）。［1章2・4節、2章4～10節、5章、7章］

武市三智子《たけちみちこ》　**東洋大学総合情報学部　准教授　博士（商学）**

2004年福岡大学大学院博士課程後期商学研究科商学専攻修了。沖縄大学を経て、2010年より現職。専門分野はマーケティング論。［8章、10章］

《検印省略》

平成25年8月31日　初版発行　　　略称：シュカサポ

『大丈夫？』を『おめでとう！』に変える
「就活」サポートブック
～楽しみながら［内定］を手にするコツ～

編　者　©東洋大学総合情報学部
「キャリアデザイン」研究会

発行者　中　島　治　久

発行所　同文舘出版株式会社
東京都千代田区神田神保町1-41　〒101-0051
電話 営業(03)3294-1801　編集(03)3294-1803
振替 00100-8-42935
http://www.dobunkan.co.jp

Printed in Japan 2013　製版：一企画
印刷・製本：萩原印刷

ISBN 978-4-495-86661-7

M E M O

MEMO

MEMO